Zeit für Rom

Metropole für Entdecker und Genießer

Mirko Milovanovic · Thomas Migge

BUCHER

Inhalt

RUND UM ROM 138

KUNST, KULTUR UND KULINARISCHES 182

Seite 1: Bar der Luxusherberge St. Regis Grand Hotel an der Via Nazionale. **Seite 2 und 3:** **1** Himmlisch: S. Alessio, Detail des Denkmals für die Prinzessin Eleonora Boncompagni Borghese. **2** Terrasse des Hotel Ristorante Adriano. **3** Das Pantheon. **4** Modebewusste Jugend: die Römerin hat Chic. **5** In den Vatikanischen Gärten. **6** Tempio di Apollo. **7** Armando Rubino fertigt erlesene Anzüge für das Haus »Battistoni«. **8** Weinberge im Hinterland von Rom. **9** Zimmer im »Westin Excelsior«. **10** Schaufenster von Arsenale. **11** Weltstadt der Mode: Präsentation einer Kollektion von Patrizia Pieroni im Auditorium Parco della Musica.

In traumhaftem Licht: eine majestätische Ansicht und ein Postkartenblick zugleich inszeniert den monumentalen Petersdom mit Michelangelos Kuppel und die barocke Engelsbrücke im Vordergrund. Dieser Blick ist erst seit den dreißiger Jahren des letzten Jahrhunderts möglich. Der Duce Benito Mussolini wollte nach der Unterzeichnung der Lateranverträge mit dem Heiligen Stuhl 1929 die endlich wieder guten Beziehungen zwischen beiden Staaten auch architektonisch zum Ausdruck bringen. Dazu ließ er im altrömischen Stadtviertel Borgo Pio, das zu Italien gehört, eine gigantische Schneise durch das mittelalterliche Häusergewirr schlagen. Auf der weiten und verkehrsreichen Via della Conciliazione strömen heute die Pilger Richtung Petersplatz.

Die Stadt der ewigen Verführungen

Es geschieht immer wieder. Auch nach so vielen Jahren, die ich schon in Rom lebe. Es geschieht ganz unerwartet. Zum Beispiel in einem jener ständig rappelvollen Busse der städtischen Verkehrsgesellschaft, die sich knatternd durch das tägliche Verkehrschaos schieben. Der Bus bleibt im Stau stehen. Minutenlang. Zum Beispiel vor jenem Teil der römischen Foren, die den Blick auf die Märkte von Kaiser Trajan freigeben.

Ich stehe zwischen Dutzenden anderer Fahrgäste und schaue auf ein Ruinenfeld, wo vor rund 2000 Jahren das politische und wirtschaftliche Herz des Römisches Reiches schlug. Kein Staatsgebilde hatte je solch geografische Ausmaße wie dieses.

Durch das Busfenster sind die mehrfarbigen Marmorfußböden jener Foren zu erkennen, auf denen Julius Cäsar und Kaiser Nero, Cicero und Augustus ihre Füße gesetzt hatten. Und dahinter, ein Geniestreich von Trajan, ragt mehrere Stockwerke hoch das erste Einkaufszentrum der europäischen Geschichte auf. Es ist nur deshalb so gut erhalten, weil im frühen Mittelalter das mächtige Gebäude zum Kloster umfunktioniert wurde.

Historische und architektonische, künstlerische und politische Schichten überlagern sich in Rom wie an keinem anderen Ort der Welt. Genau das macht den unerhörten Reiz dieser Stadt aus, dem auch jene Römer immer wieder erliegen, die sich tagtäglich mit Luftverschmutzung und Staus, mit schlechter Organisation und einem oft infernalen Verkehrslärm herumschlagen müssen.

Rom verführt. Jeden Tag. Wo sonst bitte schön gibt es eine Innenstadt, die sich wie ein Buch der Architekturgeschichte präsentiert. Sie verfolgt einen auf Schritt und Tritt. Aus dem 21. Jahrhundert mit seinem Asphalt und rund einer Million Pkws, die sich jeden Tag ins Zentrum ergießen, geht es schnurstracks ins Barock. Mit Plätzen, die in ihrer stilistischen Reinheit zum Schönsten gehören, was das 17. und 18. Jahrhundert in Europa hervorbrachte. Straßenzüge, deren Gebäude aus dem 19. Jahrhundert nicht als Altbauten gelten, weil sie noch, wie man hier sagt, »so jung« sind.

Weiter geht es in die Renaissance mit Residenzen wie dem riesigen Palazzo Farnese, dessen Pracht dem Besucher den Atem verschlägt. Das Mittelalter dagegen ist nicht besonders präsent in Rom. Bauwütige Renaissance- und Barockpäpste ließen viel Altes abreißen, um aus dem christlichen Rom das wiederauferstandene »Roma Eterna« zu machen, die Ewige Stadt, in der die Stellvertreter Gottes auf Erden mit ihrer Prachtentfaltung direkt an die antiken Cäsaren anknüpfen wollten. Auch dies ist ein verführerischer Aspekt, der besonders auf dem Petersplatz deutlich wird. In die Mitte des größten Platzes der katholischen Christenheit setzten die Päpste einen altägyptischen Obelisken. So wie die römischen Kaiser ihre Plätze mit diesen Symbolen der Potenz und Macht schmückten, so wollten auch die Pontifexe ihren heidnischen Vorbildern in nichts nachstehen ...

Rom entstand aus einer schäbigen Hüttensiedlung, die auf einem mehr oder wenigen sumpfigen Gebiet errichtet wurde. Ungefähr zwischen dem Kapitols- und dem Palatinhügel. Römische Archäologen brachten jüngst auf dem Areal der Kaiserforen Funde ans Tageslicht, die nachweisen, dass der Schulspruch »753, Rom kroch aus dem Ei« der historischen Wahrheit zu entsprechen scheint.

Einige Meter tief unter den heute gut sichtbaren Marmorplatten der antiken Weltstadt wohnten im 8. vorchristlichen Jahrhundert die ersten Römer. Ob sie Romulus und Remus hießen, ist unbekannt. Tatsache aber ist, dass seit diesem Jahrhundert Rom wuchs und wuchs und wuchs.

Die von Archäologen ausgebuddelten Gebäudereste geben für das Auge nicht viel her. Einige Holz- und Mauerreste, die viel Fantasie verlangen, um sich diese ersten Bauwerke Roms vorzustellen. Den Fachleuten zufolge handelt es sich dabei um die erste Residenz eines römischen Königs und den ersten Vestatempel, in dem Jungfrauen das Staatsfeuer bewachten, das Symbol des kleines Volkes, das damals in jenem Tal lebte. Aus den Jungfrauen wurden später die Vestalinnen, die bis zum Untergang des Römischen Reiches im Tempel der Vesta dienten.

Diese ersten Funde der ersten Stadt Rom sind heute in den Kapitolinischen Museen zu besichtigen. Dort werden auch Grabungsfunde gezeigt, die nachweisen, dass schon vor dem 8. vorchristlichen Jahrhundert Menschen zwischen den sieben Hügeln lebten. Nur, so die Historiker, könne man in diesem Fall in keiner Weise von einem bereits organisierten Volk sprechen. »Das waren

Wilde«, spottet der Romancier Luciano De Crescenzo, der ganz in der Nähe der Fundorte aus dem 8. Jahrhundert v. Chr. wohnt. »Wilde, wir stammen von Wilden ab – und sind es immer noch! Schauen Sie sich doch nur unser Verhalten im Straßenverkehr an!« Dank ihres Organisationstalents und ihrer Fähigkeit, sich zwischen unwirtlichen Sümpfen zu behaupten, wurde aus der Holzhüttensiedlung eine erste Stadt. Es verwundert nicht, dass eine der ersten wirklich großen technischen Leistungen der ganz alten Römer der Bau der Cloaca Maxima war, einer, unglaublich aber wahr, noch heute, nach fast 2500 Jahren, funktionstüchtigen, unterirdischen Abwasseranlage, die in den Tiber mündete. Man wollte sauber leben, schon im 4. Jahrhundert v. Chr., und später erst recht, wie die zahlreichen Thermen der Kaiserstadt beweisen. Heute ist das anders. Rom ist die europäische Metropole mit den wenigsten Hallenbädern.

In nur wenigen Jahrhunderten wurden aus dem Dorf eine Stadt und dann die Hauptstadt eines Weltreichs, das von Schottland bis zur Sahara, von Portugal bis nach Kleinasien reichte. Historiker wiesen nach, dass dieses Megareich nur dank einer straff geführten Soldateska bestehen konnte. Die Römer waren gute Organisatoren, und ihre Armeen sind das beste Beispiel dafür. Ihnen kam auch eine nicht zu unterschätzende zivilisatorische Aufgabe zu, die in der Geschichtswissenschaft erst seit wenigen Jahren gewürdigt wird.

Roms Legionen kämpften und eroberten nicht nur. Sie bauten, unterstützt von einem Heer von Sklaven, das größte Straßennetz der Antike sowie ein Postnetz mit Tausenden von Wechselstationen für Pferde. Ganze Armeen konnten so relativ schnell in alle Teile des Reiches verlegt werden. Depeschen zwischen der Regierungszentrale in Rom und den Generälen brauchten nur wenige Wochen. Rom war mit seinen Provinzen dicht vernetzt. Darin liegt eines der großen Geheimnisse der antiken Weltmacht. Der Kaiser und sein Senat erhielten auch aus den entlegensten Provinzen schnell alle wichtigen Informationen. Erst als dieses Netz zusammenbrach, als sich die Legionen auflösten, zerfiel auch das Reich.

Rom ging nicht einfach unter und wurde vergessen, wie zum Beispiel die Staaten der alten Griechen, wie die Reiche der Babylonier und Assyrer, wie Karthago und der sagenumwobene Staat der Königin von Saba. Rund 1000 Jahre Geschichte und die Existenz einer ganz Europa dominierenden Kultur hatten einen Mythos geschaffen, der noch lange weiterlebte.

Bis ins 20. Jahrhundert, bis zu jenem ehemaligen Kommunisten, aus dem der Begründer des italienischen Faschismus wurde: Benito Mussolini. Er versuchte, an den Mythos eines von Rom gelenkten und zentral regierten Weltreichs anzuknüpfen. Um diesen neu zu beleben, eroberte er Provinzen in Afrika. Doch dieser brutale und zum Teil auch lächerlich anmutende Versuch, die antike Glorie wieder zu beleben, ging in den Wirren des Zweiten Weltkriegs unter.

1 Morgens auf dem Weg zum Arbeitsplatz im Vatikan. 2 Hinter dem Kapitol bietet eine Aussichtsterrasse einen fantastischen Blick auf die Foren im Abendlicht.

Der Mythos Rom war immer auch der Mythos eines unter einem Herrscher vereinten Europa. Ein politischer Traum, den Karl der Große, aber auch Napoleon I. neu zu verwirklichen suchten. Mit Waffen und Soldaten – vielleicht scheiterten sie deshalb.

Nur den Päpsten sollte es gelingen, mit einer Idee, mit einem Credo Europa zu vereinen. Mit einer Kirche als geistliche und auch als politische Macht. Der Papst erbte, wenn man so will, die Macht der antiken Kaiser. Aus dem weltlichen Rom der Antike wurde die geistliche Macht des Christentums. Und vor allem die mittelalterlichen Päpste unterließen nichts, um den weltlichen Herrschern klar zu machen, dass sie über ihnen stehen, dass die Kaiser den Stellvertretern Gottes verpflichtet sind. Erinnert sei in diesem Zusammenhang an den berühmten Gang nach Canossa.

Die sogenannten Barbaren scherten sich nicht weiter um den Mythos einer großen Staatsidee. Sie kamen nach Italien, angezogen vom sagenhaften Reichtum jener Weltstadt, in der im 1. Jahrhundert n. Chr. rund eine Million Menschen lebten. Die Völker aus dem Norden stürzten das »Caput mundi«, das Haupt der Welt, in den Verfall. Schließlich lebten in den gewaltigen Ruinen der ehemaligen Millionenstadt nur noch 20 000 Menschen. Wie müssen sie sich gefühlt haben? Umgeben von Palästen und Thermen, die niemand mehr nutzte, weil das ausgeklügelte System der Aquädukte in weiten Teilen zerstört war.

Erst die Päpste und ihre Kardinäle schufen wieder eine funktionstüchtige Verwaltung. Der römische Phönix stieg wieder aus seiner Asche empor. Die Pontifexe etablierten sich als Nachfolger der antiken Kaiser und das Kardinalskollegium bildete einen Ersatz für den Senat des untergegangenen Reiches. Aus den ehemaligen und noch nicht zusammengefallenen Tempeln und Palästen wurden Kirchen und Klöster. An zahlreichen Bauten kann man noch heute gut erkennen, dass sie in heidnischer Zeit andere Funktionen innehatten. Das beste Beispiel für die Architektur-Wiederverwertung ist das Pantheon. Einst ein Ort der Verehrung der Götter all jener Völker, die die Kaiser unterjocht hatten, ist der Rundtempel seit über 1000 Jahren eine katholische Kirche.

Bei ihrem Anspruch, nicht nur geistliche, sondern auch politische Macht zu sein, gingen viele Päpste nicht zimperlich vor. Von so manchem Nachfolger Petri ist bekannt, dass er mit Feuer und Schwert regierte und dass seine Soldaten ganz Mittelitalien eroberten.

1 Garibaldidenkmal auf dem Gianicolohügel. 2 Das Casino dell' Allegrezza aus dem 17. Jahrhundert im barocken Park Villa Doria Pamphili. 3 Blick am frühen Morgen über die Kaiserforen auf den Palatin.

Mit der Renaissance änderte sich das Stadtbild Roms erneut. Die Päpste erkannten die Zeichen der Zeit und wollten aus der Ewigen Stadt die schönste Stadt Europas machen. Sie verpflichteten die besten Künstler jener Epoche wie Michelangelo und Raffael. Sie errichteten die größte Kirche der Christenheit und schmückten sie sowie die vatikanischen Paläste mit unschätzbaren Kunstwerken.

Die Päpste betätigten sich auch als Stadtplaner. Vor allem in jener Zeit, als es hinter den vatikanischen Mauern recht weltlich zuging. Nicht nur Renaissancepapst Alexander VII. umgab sich mit Frauen und Kindern. Auch andere Pontifexe trieben es toll. So toll, das Martin Luther entsetzt aus Rom abreiste.

Im 16. und 17. Jahrhundert versuchten verschiedene Päpste Rom zu modernisieren. Es entstanden Straßenzüge, wie etwa die kerzengerade Via Giulia, die das bis dato eher chaotisch wirkende Stadtzentrum klar strukturierte. An neuen Plätzen und Straßen ließen sich kunstsinnige Kardinäle Paläste errichten und Kunstsammlungen zusammenstellen, von denen noch heute einige existieren und zu besichtigen sind.

So verwundert es nicht, dass es, schon lange vor Goethes italienischer Reise, als absolutes Muss galt, den Künsten am Tiber nachzuspüren. Seit dem 16. Jahrhundert reisten die Söhne adliger und wohlhabender Familien nach Italien – auf den Spuren der Antike und der Renaissance. Im 17. und 18. Jahrhundert wurde es gar zur Mode Rom zu besuchen. Während der sogenannten Grand Tour, einer mehrere Monate dauernden Reise durch Italien, die der Bildung des aristokratischen Nachwuchses dienen sollte, war Rom der absolute Höhepunkt.

Vor allem im 18. Jahrhundert lebten Dichter, Baumeister, Adlige, reiche Bürger und viele Künstler aus ganz Europa in Rom – wie zum Beispiel Angelika Kauffmann. Die deutsche Malerin unterhielt in Rom ein Atelier. Als erste Frau wurde sie in die altehrwürdige Künstlervereinigung »Accademia di San Luca« aufgenommen.

Infolge der Französischen Revolution kam eine neue Sorte von »Barbaren« nach Rom und bereitete den Päpsten, die als absolute Herrscher den Ton angaben, große Probleme. Napoleons Soldaten eroberten den Kirchenstaat und verjagten den Papst. Es wurde eine römische Republik ausgerufen und man versuchte an die republikanischen Ideale jener heidnischen Zeit anzuknüpfen, als das römische Volk noch nicht von Kaisern regiert wurde. Nach diesem kurzen republikanischen Zwischenspiel kehrten die Päpste erneut an die Macht zurück. Aber das Ende ihrer weltlichen Herrschaft war in Sicht.

Mit der italienischen Staatseinigung Mitte des 19. Jahrhunderts zogen die piemontesischen Könige aus dem Hause Savoyen als Könige Italiens in Rom ein. Sie etablierten sich im päpstlichen Quirinalspalast und verbannten die Päpste hinter die Mauern des Vatikanstaats. Aus dem Reich der Päpste war ein 44 Quadratkilometer großes Fleckchen Erde mitten in Rom geworden.

Dieses gar nicht freiwillige Exil bedeutete den Beginn einer neuen Phase in der Kirchengeschichte. Fortan, auch nach dem Ende ihrer Verbannung in den Vatikan, sind die Päpste nur noch geistliche Führer einer Kirche und nicht mehr weltliche Herrscher wie in den vergangenen Jahrhunderten. Sie regieren nur noch den Kirchenstaat, und zwar absolut. Was man häufig vergisst: Der Papst ist der letzte absolute Herrscher in Europa. In seinem Zwergstaat untersteht ihm alles. Jede Ernennung, ob die eines Kardinals oder eines Gärtners, liegt, jedenfalls theoretisch, in seinen Händen. Dem Papst zur Seite steht die Kurie aus Kardinälen. Doch es ist immer wieder der Papst, der die Entscheidungen trifft.

Erst mit den Lateranverträgen endete das vatikanische Exil der Päpste. Aus dem Kirchenhasser Mussolini war ein Diktator geworden, der begriffen hatte, dass man in einem zu 95 Prozent katholischen Land einen Burgfrieden mit dem Mann im Vatikan schließen musste. Die Lateranverträge von 1929 zwischen dem Heiligen Stuhl und dem faschistischen Staat gaben der Kirche Territorien in Rom wieder zurück. Darunter auch die Gebiete, auf denen die großen Basiliken stehen. Gleichzeitig erhielt der Papst eine beträchtliche Summe Geld, die den Grundstock jenes Vermögens bildete, das von der Vatikanbank IOR verwaltet und vermehrt wird.

Benito Mussolini wollte Rom komplett umkrempeln. Der Mann aus der Emilia-Romagna wollte das mittelalterliche Straßenchaos vereinheitlichen, breite Prachtstraßen schaffen, ganze Stadtviertel abreißen. Und zum Teil ist ihm das leider gelungen.

Die Via della Conciliazone, die von der Engelsburg zum Petersplatz führt, ist ein Werk des Duce. Dafür wurden Paläste und Kirchen abgerissen, die einmal dort standen, wo heute Menschen aus aller Welt zur Peterskirche strömen. Auch für die Via dei Fori Imperiali, die den Kapitolshügel mit dem Kolosseum verbindet, wurde ein ganzes Stadtviertel Opfer der Abbruchbirnen.

Im südlichen Rom wollte Mussolini eine ganz neue Stadt errichten. Sie wurde nur teilweise fertig, weil der Zweite Weltkrieg dem Dik-

1 Wasserspeier am Brunnen vor dem Pantheon. **2** Eine von vielen heidnischen Skulpturen in den Vatikanischen Gärten. **3** Barocke Fresken und ein Grabmal in der Vorhalle von S. Andrea e Gregorio al Celio. **4** Lebendige Volksfrömmigkeit in S. Maria in Trastevere. **5** Hausgemachte Tagliatelle mit Käse und Pfeffer in der Trattoria St. Teodoro. **6** Klassische Eleganz im Hotel Villa S. Pio im volkstümlichen Viertel Testaccio.

5

6

tator einen Strich durch die Rechnung machte. EUR ist einen Besuch wert. Selbst Architekturpäpste wie Le Corbusier und Norman Foster bezeichneten das Viertel als wegweisend für eine humane Architektur. Der italienische Faschismus propagierte – im Gegensatz zum deutschen Nationalsozialismus – eine oftmals an den Prinzipien des deutschen Bauhaus orientierte Architektur. Das heißt viel Grün, breite Straßen und viel Platz für Menschen.

Nach Mussolinis Sturz 1943 und der Befreiung Italiens durch die Amerikaner zogen Demokraten in die ehemaligen Paläste der kirchlichen, königlichen und faschistischen Macht ein. Um den historischen Altstadtkern herum errichtete man hässliche Neubausiedlungen, in denen heute 90 Prozent der Römer leben. Das Rom der Reisenden hingegen ist nicht groß. Wer gut zu Fuß ist, kann es in zwei Stunden von einem Ende zum anderen durchqueren.

Rombesucher sollten auch einen Ausflug an die Stadtränder unternehmen. So bekommen sie einen guten Eindruck davon, dass um den historischen Altstadtkern Ringe mit jeweils unterschiedlichen Baustilen liegen. Der erste Ring besteht aus Bauten der zweiten Hälfte des 19. Jahrhunderts, als Rom ein geeintes Königreich wurde. Dann entstanden die Gebäude des Faschismus, und es folgt ein breiter Gebäudering aus Wohnblöcken der fünfziger und sechziger Jahre. Für Architekturfreaks ist der Besuch der verschiedenen Stadtviertel wie eine Reise durch ein offenes Buch zur Geschichte des Städtebaus.

Um das historische Rom zu entdecken, sollte man sich zu Fuß aufmachen. Möglichst morgens oder nachts, wenn die Stadt die schönste urbane Kulisse der Welt ist, wenn die meisten Römer und Touristen noch oder bereits schlafen, wenn der Verkehr ruht und man das Rauschen der unzähligen Brunnen hören kann.

Rom, das ist eine Stadt zwischen gestern und heute, die versucht, modern zu wirken. Immer neue Designhotels und -geschäfte, hippe Restaurants und Bars entstehen. In dem historischen Kontext von antiken Ruinen und Bauwerken aus fast 2000 Jahren Geschichte wirkt alles Moderne und Zeitgenössische seltsam klein und unbedeutend. Alles was modern ist, muss sich mit der Vergangenheit messen, die in Rom wie nirgendwo sonst präsent ist.

Auch der Rombesucher muss sich mit der unfassbaren Geschichte dieser Stadt auseinander setzen. Denn hier ist alles Geschichte: der Boden, auf dem wir gehen, die Mauern, hinter denen wir wohnen, die Lokale, in denen wir essen und trinken und die oftmals schon von den Römern der Antike genutzt wurden, die Plätze, auf denen schon Renaissancefürsten in ihren Kutschen fuhren, die Parks, in denen Päpste jagen gingen und die Straßen, die bis auf wenige Modernismen heute noch so aussehen wie vor Jahrhunderten.

Die Piazza del Popolo: auch eine der größten Freilichtbühnen Roms.

DIE KLASSISCHEN VIERTEL

GALLERIA NAZIONALE
2

3

4

Bummeln in barockem Ambiente

Rund um die Spanische Treppe und der Pincio

Spanische Treppe und Pincio: wo Roms Modemacher ihre elegantesten Boutiquen haben und wo alte Kaffeehäuser zu Pausen einladen, wo das Promenieren zur Lebenskunst wird und der Pincio eine atemberaubende Aussicht auf Roms Dächermeer bietet.

Der Blick ist umwerfend. Kuppeln und Palastdächer und die Villa Medici auf dem nahen Pincio. Viel Grün auf Terrassen und Balkonen und ein azurblauer Morgenhimmel.

»I cornetti sono arrivati!«, ruft jemand einige Stockwerke tiefer. Der Bäcker bringt die Hörnchen für die Gäste des eleganten Traditionshotels L' Inghilterra. Auf Wunsch werden sie natürlich auch auf der Terrasse der Dachsuite serviert, sodass man sich nicht vom zauberhaften Morgenblick auf die Ewige Stadt trennen muss.

Die Ruheoase des L' Inghilterra ist ein guter Ausgangspunkt, um das Rom der Mode und der Designershops zu erkunden. Vielleicht nach einem morgendlichen Spaziergang durch die noch leeren Straßen, die 1726 fertig gestellte Spanische Treppe zur Kirche Ss. Trinità dei Monti hinauf und vorbei an der französischen Kulturakademie, die in dem prächtigen Renaissancepalast Villa Medici untergebracht ist. Sie sollte man unbedingt besichtigen. Nicht nur wegen des herrlichen Gartens. Akademiedirektor Richard Peduzzi ist auch Designer. Ihm ist die gewagt moderne, aber spannend kontrastreiche Möblierung der Renaissanceräume zu verdanken. Er selbst entwarf Möbel und Lampen.

Von der Villa Medici aus geht es über eine Rampe zum Pincio hinauf. Der Blick von der Terrasse des Hügels auf das römische Dächermeer und die wie eine riesige Montgolfiere wirkende Peterskuppel ist umwerfend. Ein zweites Frühstück in der »Casina Valadier« gefällig? Die Casina ist zu einem der elegantesten Aussichtslokale Roms geworden. Hier ist es besonders schön am frühen Abend, kurz vor Anbruch der Dunkelheit. Ein Abendessen auf der Terrasse mit Blick auf die untergehende Sonne ist eines der ganz besonderen Romerlebnisse.

Vom Pincio geht es hinunter zur ovalen Piazza del Popolo. In der Mitte dieses großen Platzes erhebt sich ein ägyptischer Obelisk. Er ist zum beliebten Treffpunkt junger Römer geworden seit der Platz für Pkws off limits ist.

1 Barmann Daniele aus dem Caffè Greco, in dem schon Goethe verkehrte. **2** Die Biene als Wappentier: Eingang in die Galleria Nazionale d' Arte Antica im Palazzo der Familie Barberini. **3** Die Modemeile Via dei Condotti nutzen Kleinkünstler als Bühne. **4** Treffpunkt der Jugend aus aller Welt: die Spanische Treppe in der Abenddämmerung.

1

2

3

Viel Kunst befindet sich in der Kirche S. Maria del Popolo: Grabmonumente von Renaissancestars wie Andrea Sansovino, Wandbilder von Pinturicchio und Gemälde von Caravaggio. Die Cappella Chigi wurde von Raffael entworfen. Und es gehört zum guten Ton, dass in dieser Kirche die Totenmessen für prominente römische Künstler stattfinden.

Die Via del Corso führt kerzengerade von der Piazza del Popolo zur Piazza Venezia. Sogar von der Piazza del Popolo aus sieht man in der Ferne das gigantische Nationaldenkmal Vittorio Emanuele – wegen seiner Form von den Römern *dentiera*, die dritten Zähne, und auch *la macchina da scrivere*, Schreibmaschine, genannt. Die Via del Corso ist eine Shopping- und Promeniermeile. Hier gibt es vor allem preiswerte Läden für Youngster und nur noch wenige elegante Geschäfte.

Gleich zu Beginn des Corso, von der Piazza del Popolo aus, lohnt ein Besuch der Casa di Goethe, jenem Haus, in dem der deutsche Dichterfürst lebte und wo heute eine Gedenkstätte eingerichtet ist und Wechselausstellungen stattfinden. Schräg gegenüber sollte man einen Blick in den prachtvoll im 18. Jahrhundert gestalteten Innenhof des Palazzo Sanseverino werfen. Er ist einer der schönsten im an Palästen reichen Rom.

Reizvoller als der Corso sind die Via del Babuino und die Via di Ripetta, die strahlenförmig von der Piazza del Popolo wegführen. Straßen mit interessanten Geschäften, wie dem Weinladen Buccone in der Via di Ripetta mit edlen Tropfen vor allem aus Italien. Am Tresen werden zahlreiche Weine auch glasweise ausgeschenkt. Im »Olfattorio bar à Parfums« gibt es hingegen eine Duftwassertheke, an der sich Mann und Frau individuelle Parfüms mischen lassen können. In der nahe gelegenen Via della Penna bietet das kleine und ruhige Hotel Locarno italienischen Jugendstilcharme.

Die Via di Ripetta endet in der Piazza Augusto Imperatore, in deren Mitte sich die imposanten Reste des Grabmals von Kaiser Augustus erheben. Sie dienten früher einmal als Theater.

Direkt neben dieser baumbestandenen Ruine steht die Ara Pacis, der im Jahre 9 v. Chr. geweihte Friedensaltar des Augustus, vor Witterungseinflüssen geschützt durch eine weiße Marmorhülle, entworfen von dem amerikanischen Stararchitekten Richard Meier. Meiers Neubau, der ein Gebäude aus faschistischer Zeit ersetzt, ist unter den Römern heftig umstritten, denn, so die Meinung vieler Bürger, er störe die Harmonie des Platzes.

An der Piazza befinden sich gleich drei interessante Lokale. Im trendigen »Reef«, das durch Glas-, Stahl- und Neondesign besticht,

1 Wenn Römer und Touristen noch schlafen … **2** Wie zu Goethes Zeiten: mit wildem Grün bewachsenes Grab von Kaiser Augustus auf der Piazza Augusto Imperatore. **3** Blick von der Aussichtsterrasse des Pinciohügels auf die Piazza del Popolo. **4** Kaffeepause an der schicken Via Vittorio Veneto. **5** Frau macht *bella figura* auf der Spanischen Treppe.

sind vor allem die Fischgerichte empfehlenswert und im leicht schwedisch gestylten »Recafé« die neapolitanischen Traditionspizzen. Das »Gusto« hingegen, untergebracht in einer Art Loft, bietet ebenfalls eine Pizzeria, aber darüber hinaus auch ein Restaurant, Roms einzige gastronomische und önologische Buchhandlung und eine Trattoria, die Osteria della Frezza, die sich auf französische und italienische Käseleckereien spezialisiert hat.

In der Via del Babuino lockt der TAD Concept Store, ein gestylter Einrichtungsladen mit europäischen und asiatischen Design- und Einrichtungsobjekten sowie einer Mittagstrattoria. Wer seine Kids elegant einkleiden will, sollte »I Pinco Pallino« einen Besuch abstatten, einer der schicksten Kinderklamottenläden der Stadt. Eine Ruheoase ist die Bar im Garten der Fünfsterneherberge Hotel de Russie, untergebracht in einem Barockpalast. Das Hotel verfügt über eine Suite, von deren Terrasse aus man einen sagenhaften Blick auf die Piazza del Popolo hat.

Ein Mittagshäppchen im »Canova« ist ein besonderes Kuriosum. Das kleine Restaurant ist im ehemaligen Atelier des Bildhauers und Architekten Antonio Canova untergebracht, der von 1779 bis zu seinem Tod 1822 in Rom wirkte und unter anderem zusammen mit Giuseppe Valadier die Piazza del Popolo schuf. Das Atelier steht voll mit zum Teil großen Gipsskulpturen.
Von der Via del Babuino aus geht es in die parallele Via Margutta. Hier wohnte Regisseur Federico Fellini. Auch wenn inzwischen nur noch wenige Künstler ihre Ateliers in dieser Straße haben, sie müssen schon sehr wohlhabend sein, denn die Quadratmeterpreise sind astronomisch hoch, übt sie immer noch einen besonderen Charme aus. Kunstgalerien reihen sich an Antiquitätenhändler, in deren Schaufenstern Möbel und Skulpturen zum Verkauf stehen, Objekte, wie man sie in Deutschland nur aus Museen kennt.
Das Hotel Art ist ein beeindruckendes Designhotel. Minimalistisches Design und kräftige Farbakzente machen diese noble Herberge zu einer der interessantesten Roms. Nicht weit entfernt finden Vegetarier im »Margutta Arte« ihren römischen Esstempel. Kein alternatives Lokal. Man versucht vielmehr die vegetarische Küche auf Feinschmeckerniveau zu heben.

1 Blick aus dem Hotel de Russie auf die Piazza del Popolo. **2** Ein Brunnen von Barockgenie Bernini mitten auf der Piazza Barberini. **3** Prachtfassade des Palazzo Barberini, in dem die Nationalgalerie für alte Kunst untergebracht ist. **4** Zwischen Piazza Venezia und Piazza del Popolo: Flanieren auf der Via del Corso. **5** Ruheoase in der Altstadt: Terrasse des Hotel de Russie. **6** Treffpunkt für Pärchen: der Pinciohügel.

5

Bei der Spanischen Treppe gibt es nicht viele, dafür aber außergewöhnliche Übernachtungsmöglichkeiten. Der Palazzetto dell' Accademia internazionale del Vino di Roma zum Beispiel bietet wenige elegante und ganz in beige gehaltene Zimmer mit direktem Blick auf die Spanische Treppe. Besonders reizvoll ist das hauseigene Restaurant mit seinem ausgezeichneten Weinkeller. Die Accademia bietet auch eintägige Weinkurse für Touristen an.

Elegant ist das »Inn at the Spanish Steps« in der Via dei Condotti, wo sich auch das gestylte »Condotti 29« befindet. »Casa Howard« nahe der Spanischen Treppe ist eine von einer Britin und einem italienischen Aristokraten geführte Luxus-Pension. Einige Zimmer sind von dem inzwischen berühmten römischen Architekten Tommaso Zimmer eingerichtet worden, der sich mit der Gestaltung des Hotel de Russie international einen Namen gemacht hat. Spartanisch, dafür aber richtig billig, ist das Übernachten bei den Ordensfrauen der Nostra Signora di Lourdes in der Via Sistina. Eine echte Alternative im ansonsten teuren Rom.

Zwischen der Via del Corso und der Via del Babuino ist Modeshopping angesagt. Der elegante Signore kleidet sich bei »Battistoni« in der Via dei Condotti ein. Diese Straße bietet besonders viele schöne und leider auch sündhaft teure Läden. Aber Schaufenstergucken kostet ja Gott sei Dank nichts. Bei »Bulgari« liegt in den Auslagen Schmuck vom Feinsten und nicht selten halten vor dem Eingang abgedunkelte Limousinen, aus denen in der

1

2

Regel blutjunge und bildschöne Frauen begleitet von älteren Herren steigen und durch die mit einer Gardine verhangene Eingangstür ins Juweliergeschäft huschen.

Roms Modeking Valentino hat einige Meter weiter seine Boutique. Die Fendi-Frauen, die nicht nur für ihre unerschwinglichen Baguette-Taschen berühmt sind und für deren Pelzkollektion Karl Lagerfeld verantwortlich zeichnet, haben erst vor kurzem am Largo Carlo Goldoni einen kompletten Palazzo aus dem frühen 19. Jahrhundert zu ihrem Flagshipstore umgebaut. Roberto Cavalli und der im Ausland viel zu wenig bekannte römische Modemacher Gai Mattiolo wie auch der Klassiker Renato Balestra haben ihre Läden bei und unterhalb der Spanischen Treppe. »Dotti« in der Via Belsiana ist einer der wichtigsten Anlaufpunkte Roms für Frauen, die extravagante Handtaschen suchen.

Mode secondhand gibt es im Discount dell' Alta Moda in der Via di Gesù e Maria beim Corso, Richtung Piazza del Popolo. Zu süßen Leckereien hingegen verführt die Schokoboutique Quetzalcoatl in der Via delle Carrozze und die Fratelli Fabbi in der Via della Croce führen einen der schönsten Delikatessenläden der Stadt. Roms ulti-

3

4

5

1 Farbenfrohe barocke Marmorpracht: S. Andrea delle Fratte.
2–5 S. Maria del Popolo, 1227 als Pfarrkirche für das Volk erbaut, zeigt nicht nur Caravaggio-Gemälde in der Cerasi-Kapelle **(3)**, sondern auch eine überaus prächtige Ausstattung. Etwa die Decke der Cerasi-Kapelle **(4)**, ein Grabrelief des 17. Jahrhunderts **(5)** oder Judith mit dem abgeschlagenen Haupt des Holofernes **(2)**.

mativer Küchenladen ist in der Via Mario de' Fiori zu finden. Bei C.U.C.I.N.A. gibt es alle italienischen Designklassiker zum Kochen und zum Auftischen.

Wem angesichts der zum Teil astronomisch hohen Preise in den Schaufenstern der Modeläden die Luft ausgeht, der sollte sich erst einmal im Caffè Greco ausruhen. Auch wenn dieses vielleicht schönste aller römischen Kaffeehäuser, wo schon Goethe seinen Espresso schlürfte, stets voll mit Touristen ist, hat es immer noch viel Charme. Auch Giorgio de Chirico war hier Stammgast. Dieser vielleicht berühmteste italienische Maler des 20. Jahrhunderts wohnte gleich um die Ecke an der Spanischen Treppe. Sein Haus, über und über mit seinen Gemälden angefüllt, ist heute ein Privatmuseum.

Ruhiger als im Caffè Greco ist es in der Bar Mascagni im alten Luxushotel Plaza al Corso, am Corso wie der Name es sagt. Die

Bar Mascagni ist, wie das ganze Hotel, im italienischen Belle-Époque-Stil ausgeschmückt und eingerichtet. Viel roter Plüsch und Goldfarbe. *Very british* ist das Ambiente bei »Babington's«, direkt unterhalb der Spanischen Treppe. Ein Teeparadies mit frischen Cakes von der Insel.

Außer oftmals unerschwinglicher Konsumobjekte gibt es im Modeviertel auch Kunst, und zwar umsonst. Ein schönes Beispiel für den römischen Barock ist der Palazzo di Propaganda Fide in der Via due Macelli. Die weiter südlich gelegene Kirche S. Andrea delle Fratte ist eines der Meisterwerke des Barockbaumeisters Francesco Borromini.

Für einen Imbiss mit einem guten Glas Wein empfiehlt sich im Modeviertel die »Shaki wine bar« in der Via Mario de' Fiori wie auch das französisch angehauchte »Le Pain Quotidien« in der Via Tomacelli, wo fantastische Frühstücke serviert werden. Interessant ist das »Palatium« in der Via Frattina. Hier werden ausschließlich Weine aus dem Latium ausgeschenkt. Die Region, zu der Rom gehört, ist immer noch önologisches Entdeckungsland, weshalb man zu den Häppchen und Gerichten die in der Regel bei deutschen Weintrinkern eher unbekannten Tropfen probieren sollte.

1 Suite im Art-déco-Hotel Locarno. **2** Zeitgenössische Eleganz im Hotel de Russie. **3** Belle Époque *alla romana:* das »Westin Excelsior« an der Via Veneto. **4 und 7** Mode und Möbel, CDs und eine Mittagstrattoria: TAD Concept Store. **5** Ledermode vom Feinsten bei Tod's. **6** Stilgerechter Empfang im »Westin Excelsior«.

6

7

Feinschmecker sollten sich das Restaurant Le Jardin du Russie im Hotel de Russie nicht entgehen lassen. Wer in luxuriösem Ambiente mit Blick auf Rom speisen will, der sollte sich einen Tisch am Fenster des »Rooftops« im Hotel Hassler oberhalb der Spanischen Treppe reservieren. Wer keine Geldprobleme hat, wohnt in der Suite 503 dieses Traditionshotels. Mit einer Privatterrasse, auf der man am liebsten schlafen würde, so umwerfend ist die Aussicht.

Um von der Spanischen Treppe zur Piazza Barberini zu gelangen, empfiehlt sich die Via Gregoriana. Der Palazzo Zuccari von 1592 hat ein eigentümliches Portal: ein Riesenmaul, das den Besucher zu verschlingen scheint. Der Palazzo Barberini ist ein Werk von Carlo Maderna und Gian Lorenzo Bernini. Die berühmte Wendeltreppe stammt von Borromini. In diesem prachtvollen Gebäude befindet sich die Nationalgalerie für alte Kunst: mit Meisterwerken von Raffael, von Tizian, Tintoretto und anderen. Pietro da Cortona schuf die großflächigen Deckenfresken, die allein schon einen Besuch dieses imposanten Bauwerks lohnen.

Von der Piazza Barberini aus, einem römischen Verkehrsknotenpunkt, an dem nur der Tritonenbrunnen von Bernini aus dem Jahr 1642 von Interesse ist, geht es in die Via Barberini. Hier kleiden sich bei Schneidermeister Brioni internationale VIPs ein, darunter auch zahlreiche ausländische Politiker wie zum Beispiel Exkanzler Gerhard Schröder.

Von der Piazza Barberini aus führt die Via Veneto zum altrömischen Stadttor Porta Pinciana. Ein legendärer Straßenname, der sofort mit dem Dolce Vita in Verbindung gebracht wird, mit jener Zeit, als US-amerikanische Hollywoodstars in der römischen Filmstadt Cinecittà ihre Filme drehten und in der, Ende der fünfziger Jahre, Federico Fellini seinen berühmtesten Film schuf. »La Dolce Vita« machte auf einen Schlag Fellini, Marcello Mastroianni und die Via Veneto weltberühmt. Auch heute noch strahlt sie Eleganz aus, mit ihren alten Grandhotels und schicken Bars, aber die goldene Zeit ist vorbei.

Trotzdem lohnt ein Besuch dieser Straße. Das Hotel Ambasciatori zum Beispiel zeigt sich immer noch im inzwischen restaurierten Glanz des Art déco der dreißiger und vierziger Jahre des letzten Jahrhunderts und die Bar des Hotels Excelsior prunkt mit vergoldeten Stuckaturen.

Am Anfang dieser Straße, bei der Piazza Barberini, findet sich eine sehr kuriose und makabre Kirche. In S. Maria della Concezione sind

1

2

Rund um die Spanische Treppe und der Pincio

Besichtigen
Spanische Treppe (Roms schönste Treppe). – *Villa Medici* (französische Kulturakademie). – *Pinciohügel mit der Casina Valadier* (Aussichtspunkt). – *Piazza del Popolo* (einer der schönsten Plätze und Treffpunkte). – *Via Margutta* (Roms vielleicht intimste Straße). *Casa di Goethe*, Via del Corso 18 (Goethes ehemalige Wohnung). *Via del Babuino* (elegante Shoppingstraße). – *Via del Corso* (schnurgerade Shoppingmeile). – *Piazza Augusto Imperatore* (Platz mit Grabmal des Augustus). – *Via dei Condotti* (Roms eleganteste Einkaufsstraße). – *S. Andrea delle Fratte* (Barockkirche). *Palazzo Barberini*, Via delle Quattro Fontane (Nationalmuseum für alte Kunst). – *S. Maria del Popolo* (Roms Künstlerkirche). *Palazzo Sanseverino*, Via del Corso 2 (schöner Innenhof). *Museo de Chirico*, Piazza di Spagna 31 (Wohnung des Malers de Chirico). – *Via Veneto* (ehemalige Hauptstraße des Dolce Vita).

verschiedene Säle der Krypta mit den Knochen verstorbener Mönche ausgeschmückt. Sogar die Deckenleuchter sind aus menschlichen Knochen zusammengesetzt worden.
In einer Seitenstraße steht ein in einem langen weißen Mantel gekleideter Herr vor einem großen Portal, das ganz in Rot ausgeleuchtet ist. Der Eingang ins Designhotel Aleph ist nicht jedermanns Sache, aber die Lichteffekte sind bezaubernd. Das Hotelrestaurant bietet internationale Küche. Modern geht es auch im »Moma« zu. Ebenfalls in der Via di San Basilio. Leichte italienische Küche mit ausländischen Einschlägen. Ein gastronomisches Highlight ist die Terrazza des Hotel Eden in der Via Ludovisi, auf halber Strecke zwischen der Spanischen Treppe und der Via Veneto. Ein Luxushotel mit einem Panoramarestaurant.
Klassischeres Design wird im Hotel Rose Garden Palace in der Via Boncompagni geboten. Gediegenes Ambiente mit einem ruhigen Innenhof, der als Café und Bar dient. Recht trendy geht es hingegen in The Art Hotel in der Via Veneto zu. Eine echte Alternative zu den alten und leicht angestaubten Hotelgiganten vergangener Epochen. Renoviert präsentiert sich das »Doney«. Eine Bar plus Restaurant, wo tagsüber Kaffee und Kuchen und abends Cocktails kredenzt werden. Das Doney war in der Zeit des Dolce Vita der Treffpunkt

3

1 Kaffee oder Cocktails gefällig? Stilechte Hotelbar im Hotel Locarno **2** Hinterzimmer des Caffè Greco, in dem einst Künstlerzirkel diskutierten, malten und schrieben. **3** Kristallene Eleganz im großen Stil: Bar im Hotel Westin Excelsior.

der internationalen Schickeria. Seit einigen Jahren lassen sich viele Hollywoodstars, wenn sie in Rom sind, hier wieder gern von Paparazzi ablichten.

Rom ist nicht gerade für sein Nachtleben bekannt und Reisende kommen in der Regel nicht an den Tiber, um sich nachts zu vergnügen. Im Viertel der Via Veneto aber liegen einige seit Jahrzehnten bekannte Nightclubs. Immer wieder werden Touristen von freundlichen Kellnern aufgefordert hineinzukommen. Wirklich empfehlenswert ist das relativ neue »Room« in der Via Lucullo. Eine Art Neo-Barock-Bar-Disko im Ethnolook. Sehr beliebt zur Happy Hour oder aber nach dem Abendessen, um Leute zu treffen.

Das »Jackie O'« hingegen ist schon älter. Hier tanzte bereits die junge Prinzessin Margaret in ihren wilden Jahren und Richard Burton stritt sich mit Liz Taylor. Heutiger Direktor dieses Traditionslokals ist der ehemalige Chef des »Billionaire« an der Costa Smeralda auf Sardinien, des wohl mondänsten Lokals in Italien. Ein Mann, der Jetset-Atmosphäre garantiert.

Shoppen

Battistoni, Via dei Condotti 60, 06-6976111 (Herrenmode). *Bulgari*, Via dei Condotti, 06-6793876 (*der* Juwelier Roms). *Brioni*, Via Barberini 79, 06-484517 (Herrenmode). – *Valentino*, Via dei Condotti 13, 06-6795862 (Couture). – *Cavalli*, Via Borgognona 7a, 06-69380130 (Damenmode). – *Fendi*, Largo Carlo Goldoni (Flagshipstore der Modefamilie Fendi). – *Gai Mattiolo*, Via Mario de' Fiori 5, 06-69940659 (Designermode). *Renato Balestra*, Via Sistina 67, 06-6795424 (klassisch). – *TAD Concept Store*, Via del Babuino 155a, 06-326951 (Möbel, Kleidung, CDs). – *Fratelli Fabbi*, Via della Croce 27, 06-6790612 (Delikatessen). *Dotti*, Via Belsiana 26, 06-69920456, (Handtaschen). – *Il Discount dell' Alta Moda*, Via di Gesù e Maria 16 (Outlet-Shop). – *I Pinco Pallino*, Via del Babuino 115, 06-69190549 (elegante Kindermode). – *I Vipissimi*, Via Borghese 10, 06-68803754 (elegante Kindermode).– *C.U.C.I.N.A.*, Via Mario de' Fiori 85, 06-6791275 (alles für die Küche). – *Quetzalcoatl*, Via delle Carrozze 26, 06-69202191 (Chocolatier). *L' Olfattorio bar à parfums*, Via di Ripetta 34, 06-3612325 (Parfüms).

Übernachten

***** *Hotel de Russie*, Via del Babuino 9, 06-328881 (Designhotel). ***** *Hassler Villa Medici*, P. Trinita dei Monti 6, 06-699340 (Top-Haus mit spektakulärer Panoramaterrasse). **** *The Inn at the Spanish Steps*, Via dei Condotti 85, 06-69925657 (elegantes kleines Hotel). **** *Condotti 29*, Via dei Condotti 29, 06-66163224 (elegant). ***** *Hotel L' Inghilterra*, Via Bocca di Leone 14, 06-699811 (Grandhotel). **** *Hotel Art*, Via Margutta 56, 06-328711 (Designhotel). *** *Casa Howard*, Via Capo le Case, 18, 06-69924555 (kleines, feines Hotel). ** *Nostra Signora di Lourdes*, Via Sistina 113, 06-4745324 (Ordensschwestern). ***** *Aleph*, Via di San Basilio 15, 06-422901 (Designhotel). *** *Locarno*, Via della Penna 22, 06-3610841 (Jugendstilhotel). **** *Rose Garden Palace*, Via Boncompagni 19, 06-421741 (softes Design). **** *Excelsior*, Via Vittorio Veneto 125, 06-47081 (Grandhotel).

Essen und Trinken

Margutta Ristoarte, Via Margutta 118, 06-32650577 (vegetarisch). – *Canova's*, Via del Babuino 150, 06-32110702 (Künstleratelier). – *Babington's*, Piazza di Spagna 23, 06-6786027 (Teestube). – *Caffè Greco*, Via dei Condotti 86, 06-6791700 (historisches Café). – *Palazzetto dell' Accademia del Vino*, Via del Bottino 8, 06-6990878 (elegantes Restaurant). – *Shaki wine bar*, Via Mario de' Fiori 29a, 06-6791694 (Weinbar). – *Moma*, Via di San Basilio 42, 06-42011798 (Designrestaurant). *Rosati*, Piazza del Popolo 4, 06-3225859 (Traditionscafé). *Gusto*, Piazza Augusto Imperatore 9, 06-3226273 (Loft-Pizzeria). – *Osteria della Frezza*, Via d. Frezza 16, 06-3226273 (Käserestaurant). *Le Pain Quotidien*, Via Tomacelli 24, 06-68807727 (trendige Frühstücksbar). – *Rooftop dell' Hotel Hassler*, Piazza Trinità dei Monti 6, 06-699340 (elegantes Terrassenrestaurant). *Palatium Enoteca Regionale*, Via Frattina 94, 06-69202132 (Weine aus Latium). – *La Terrazza dell' Hotel Eden*, Via Ludovisi 49, 06-478121 (Terrasse).– *Casina Valadier*, Viale del Belvedere, 06-69922096 (Panoramarestaurant). – *Le Jardin du Russie*, Via del Babuino 9, 06-32888870 (elegantes Hotelrestaurant). – *Reef*, Piazza Augusto Imperatore 42, 06-68301430 (echt neapolitanische Pizza). – *Recafé*, P.za Augusto Imperatore 36, 06-68134730 (Trendrestaurant).

Ausgehen

Doney H Club, Via Veneto 125, 06-47082805 (Designbar). *Room*, V. Lucullo 9, 06-42020434 (Designbar). – *Piazza di Siena Art Café*, Viale del Galoppatoio 33, 06-36006578 (Disko und Bar). – *Jackie O'*, Via Boncompagni 11, 06-42885457 (Traditionsdisko).

1

2

3

4

Wo einst das Herz Roms schlug ...

Stadien, Foren, Kaiserpaläste – die Macht der Antike

Die Foren und das Kolosseum: wo schon Julius Cäsar und Nero wandelten und die ersten Christen den Märtyrertod starben, wo der Atem der römischen Geschichte am intensivsten zu spüren ist.

In Rom wird ständig gegraben. Bei Einzelgrabungen findet man immer wieder Antikes im Erdreich. Wie in den Kellern alter Palazzi, wo Hausbesitzer durch Zufall bei einem Mauerdurchbruch auf Räume und Gänge stoßen, die seit über 1500 Jahren im Erdreich vergessen lagen.

Mitten im historischen Zentrum liegt die flächenmäßig größte archäologische Zone der Welt. Hier befand sich das Herz Roms, schon vor rund 2800 Jahren, wie Grabungen aus dem Jahr 2005 ergaben. Römische Archäologen fanden mitten auf dem Forum Romanum nicht nur die Hütte der ersten römischen Könige, sondern auch die hölzernen und steinernen Reste des Tempels der Vesta, in dem die legendären Vestalinnen, Jungfrauen aus gutem Hause, das Staatsfeuer hüteten, das als der Garant für das Wohl des Staates bezeichnet wurde.

Mit diesen spektakulären Funden konnten Mythen und Legenden zu den ersten sagenhaften Königen jenes Volkes bestätigt werden, das einmal den gesamten Mittelmeerraum und weite Teile Europas beherrschen sollte. Bestätigt wurde mit diesen Funden auch der Inhalt jener »Eselsbrücke«, die wir alle einmal in der Schule gelernt haben: 753, Rom kroch aus dem Ei. Die Funde der allerersten Gebäude Roms stammen tatsächlich aus dem 8. vorchristlichen Jahrhundert.

Auf diesen ersten Hütten der ersten Könige und Priesterinnen errichteten die römischen Kaiser prächtige und riesige Gebäude, Bauten, von denen noch heute die Ruinen faszinieren.

Das Forum Romanum war bis zum Untergang des Römischen Reiches das politische, juristische, gesellschaftliche und wirtschaftliche Zentrum des Staates und der Hauptstadt. Es erstreckte sich genau dort, zwischen dem Kapitols- und dem Palatinhügel, wo zu Urzeiten Sumpf war. Mit Hilfe der Cloaca Maxima, des ersten vollfunktionstüchtigen Abwasserkanals der Menschheitsgeschichte, wurde dieses Areal trockengelegt. Die Cloaca, die in weiten Teilen auch nach über 2000 Jahren die Innenstadt entsorgt, kann auf eini-

1 Schön, aber kein billiges Vergnügen: mit der Kutsche durch die Altstadt. **2** Blick vom Kapitolshügel auf das Forum von Julius Cäsar. **3** Fischmotive auf den Mosaiken in den Caracallathermen. **4** Das Kapitol, der Titusbogen und das Senatsgebäude: mitten auf dem Forum Romanum.

1 Privates Kaiserstadion für Wettkämpfe auf dem Palatin. **2** Ruinen der Stützbauten für Kaiserpaläste auf dem Palatin. **3** Mosaik mit der Darstellung eines Pferderennens in den Caracallathermen. **4** Die acht noch erhaltenen Säulen des Saturntempels. **5** Kaiser Konstantin ließ sich direkt beim Kolosseum einen Triumphbogen errichten. **6** Schmückendes Bauelement auf dem Palatin.

gen hundert Metern besichtigt werden. Eine ziemlich stinkende Angelegenheit, aber unbedingt zu empfehlen.

Benito Mussolini ließ die Curia Julia nachbauen. Die Curia war das offizielle Sitzungsgebäude des römischen Senats. Diese Versammlung büßte zwar in der Kaiserzeit viel von ihrer alten Macht ein, aber sie behielt als Symbol für die Staatstradition einen hohen Wert. Das Gebäude, das man heute besichtigen kann, geht in seinen Proportionen auf einen Neubau Kaiser Diokletians zurück. Der Innenraum beeindruckt aber durch eine fantastische Akustik. An den Längswänden des Innenraums kann man noch gut die Stufen erkennen, auf denen die Bänke der einzelnen Senatoren standen. Direkt vor dem Senat befindet sich ein schwarzer Marmorstein, den die Römer der Antike für das Grab ihres Staatsgründers Romulus hielten. Ein heiliger Ort also. Heilig ist für Katholiken der

nahe gelegene Carcer Mamertinus, das antike Staatsgefängnis. In den heute zu besichtigenden Zellen wurde auch der heilige Petrus gefangen gehalten.

Der Triumphbogen des Septimus Severus ist sicherlich eines der schönsten Beispiele römischer Architektur. Er ist fast komplett erhalten geblieben und wenn man durch diesen Bogen schreitet, so wie es im alten Rom Imperatoren und Kriegsherren taten, denkt man mit Ehrfurcht an die große Vergangenheit dieser Stadt.

Der Saturntempel aus dem 5. vorchristlichen Jahrhundert war eines der ersten gigantischen Sakralgebäude auf dem Forum. Die im 20. Jahrhundert wieder aufgestellten Säulen vermitteln einen Eindruck von der Größe dieses Gebäudes, das übrigens, wie alle anderen Bauten der Antike, bis ins 19. Jahrhundert hinein unter einer Erdschicht begraben lag. Nur Säulenstümpfe und besonders hohe Ruinen ragten aus der Erde hervor und waren bukolisch von Büschen und Bäumen umstanden. Weidende Kühe und Schafe rundeten die ländliche Idylle ab.

Mussolini ließ das Forum komplett ausgraben, legte die breite und kerzengerade Via dei Fori Imperiali an, die das Kapitol mit dem

1

2

3

Kolosseum verbindet, und durchschnitt damit das Ausgrabungsgelände. Außerdem ließ er zahlreiche Gebäude abreißen, aus Renaissance und Barock, die einen Teil des Forenareals bedeckten. Neueste Grabungen vermitteln Besuchern einen Eindruck davon, wie viele Schichten Roms unter dem Asphalt der Via dei Fori Imperiali liegen. Zu sehen sind Kellerreste aus dem 19. Jahrhundert, dann das Bodenniveau des Mittelalters und schließlich antike und mehrfarbige Marmorplatten, die zu den Foren gehörten. Als das Forum Romanum in seiner Ausdehnung den öffentlichen Aufgaben nicht mehr genügte, legte jeder Kaiser, der auf sich hielt, sein zusätzliches Forum an. So entstanden zwischen 51 v. Chr. und 112 n. Chr. das Cäsarforum, das Augustusforum, das Vespasiansforum, das Nerva- und das Trajansforum.

Rund um die Curia erheben sich die Reste einiger der wichtigsten Tempel Roms. Der Tempel der Dioskuren zum Beispiel, von dem nur noch drei mächtige Säulen stehen, stammt aus dem 5. Jahrhundert v. Chr.

Schon am Hang des Palatinhügels befindet sich S. Maria Antiqua. Eine der ersten offiziellen Kirchen Roms und der erste christlich geweihte Ort auf dem Forum. Diese Kirche wurde im 8. und 9. Jahrhundert mit ausgedehnten Freskenzyklen im byzantinischen Stil ausgeschmückt, sehr selten für Rom. Im späten 9. Jahrhundert wurde sie nach einer Serie von Erdbeben aufgegeben und, unglaublich aber wahr, erst im Jahr 1899 wieder entdeckt.

Diese Kirche ist ein exzellentes Beispiel dafür, wie das Christentum bereits vorhandene antike Gebäude für sich selbst nutzte. Auf dem Gebiet des Forums befinden sich verschiedene andere Gotteshäuser, die ebenfalls auf den Resten antiker Tempel errichtet wurden.

Kaiser Trajan ließ auf seinem Forum das erste Einkaufszentrum der Geschichte bauen. Die trajanischen Märkte, die heute so gut erhalten sind, weil sie im Mittelalter als Kloster dienten, bestehen aus mehreren Stockwerken mit rund 100 Sälen, die als Geschäfte genutzt wurden. Die antiken Konsumenten fanden hier alles, was ihr Herz begehrte, unter einem Dach. Zum Trajansforum gehört auch die Trajanssäule. 40 Meter hoch ist sie von einem Skulpturenband umgeben, auf dem die Kriege des Kaisers verewigt worden sind.

Auf den Resten des Forums von Kaiser Augustus erhebt sich heute die Casa dei Cavalieri di Rodi. Im 14. Jahrhundert ließen sich die Malteserritter ihren Palast mit einer großen Loggia errichten, von der aus man, zu besuchen nur nach Voranmeldung, einen Traumblick auf die Foren genießt.

4

5

1 Das Kolosseum ist das am meisten fotografierte Baudenkmal Roms. **2** Der Triumphbogen des Septimius Severus auf dem Forum Romanum. **3** Im Innern des Kolosseums starben Christen und Gladiatoren. **4** Blick von den Zuschauerrängen in die heute offenen unterirdischen Gänge. **5** Kunst in der Arena: Säulenkapitell mit einem Medusenhaupt.

Einer der beeindruckendsten Bauten des Forum Romanums ist die Basilica di Massenzio, auch Konstantins-Basilika genannt, mit deren Bau Kaiser Maxentius 308 begann und die von Kaiser Konstantin vollendet wurde. Acht gigantische Pfeiler tragen die Decke, von der noch heute Teile erhalten sind und Aufschluss darüber geben, wie perfekt die alten Römer Gewölbedecken zu errichten verstanden. Der Titusbogen beschließt das Forum an seiner östlichen Seite. In der römischen Antike zog ein im Feldzug erfolgreicher Kaiser oder General durch diesen Bogen und anschließend über die Via Sacra, die Heilige Straße, über das Forum und dann den Kapitolshügel hinauf. Ein Teil der Via Sacra war bis in die siebziger Jahre des letzten Jahrhunderts Autostraße. Man konnte mit dem Pkw an den Tempeln vorbei bis zum Kapitol hochbrausen.

Der Palatinhügel war schon in der Eisenzeit bewohnt. Der Legende nach lebte hier Romulus, nachdem er seinen Bruder ermordet hatte. In der republikanischen Zeit residierten auf dem lang gestreckten Hügel reiche Privatleute. Die Luft war weniger stickig

1

2

als in den Talsenken zwischen den Hügeln Roms, die übrigens nicht sieben, sondern weitaus mehr sind.

Kaiser Augustus war der erste Herrscher, der seine Residenz auf den Hügel verlegte. Das deutsche Wort »Palast« hat seinen Ursprung im Palatin, denn seit Augustus hatten alle Kaiser ihre Paläste auf dem Palatin. Die Folge: Es wurde gebaut, überbaut, umgebaut und so wurden ganze Hänge durch das Aufschütten von Erdreich immer größer. Kaiser Domitian ließ das ursprünglich leicht hügelige Gelände im Jahr 81 n. Chr. einebnen. Mit gewaltigen und noch heute gut erkennbaren Stützmauern wurde der eigentliche Hügel erweitert, sodass auf ihm weitere Gebäude errichtet werden konnten.

Viele der heutigen Ruinen leiden deshalb unter statischen Problemen, denn eigentlich müsste die römische Altertümerbehörde mit gezielten Betonspritzen nachbessern, um drohende Einstürze zu verhindern. Doch dafür fehlt das Geld und so bleibt rund ein Drittel der Palatinruinen für Besucher gesperrt.

Odoaker und Theoderich der Große wohnten bei ihren Romaufenthalten auf dem Palatin. Später residierten auch die deutschen Kaiser, wenn sie in Rom weilten, in den noch erhaltenen Palästen des Palatin. Karl der Große beispielsweise, als er im Jahr 800 zu seiner Krönung nach Rom kam. Im späten Mittelalter lag der Hügel verlassen da. Erst die Fürstenfamilie Farnese baute sich eine Villa mit prächtigem Garten mitten in die kaiserlichen Ruinen. Die Villa wurde im 19. Jahrhundert zerstört, um weitere Grabungen vorzunehmen.

Auf dem Palatin lassen sich die Reste der Casa di Livia besichtigen. Ein typisches Beispiel für eine großflächige Residenz mit Fresken und Stuckaturen. Auch wenn Möbel und Wandschmuck fehlen, vermitteln die Ruinen einen bleibenden Eindruck von der Größe des Palastes einer kaiserlichen Familie.

Der Palast von Kaiser Augustus mutete bescheiden an im Vergleich zu der ausgedehnten Residenz, die sich Domitian rund 100 Jahre später bauen ließ. Diese Anlage war so prachtvoll und reich geschmückt, dass andere Kaiser sie zwar erweiterten, aber nicht mehr in ihrem Stil umbauten. Bis zum Ende des Römischen Reiches, also fast 300 Jahre lang, blieb diese Kaiserresidenz bewohnt.

Alle Paläste auf dem Palatin wurden über kilometerlange Aquädukte mit frischem Wasser versorgt. Eine noch heute erhaltene Wasserleitung ist in der Via di S. Gregorio zu sehen.

Von ihren Palästen aus konnten die Kaiser bequem in den Circus Maximus schauen, das größte Sportstadion der Menschheitsgeschichte. Hier fanden in der Antike sage und schreibe 300 000 Zuschauer Platz. Der gewaltige Bau für Pferderennen war bis 549 in Gebrauch. Heute wächst dort, wo der Zirkus stand nur noch Gras und die Römer joggen hier.

1 Mächtige Caracallathermen: Blick auf die Nordseite der Ruine. **2** Sommerliche Opernaufführungen in den Caracallathermen **3** Im Kolosseum: Mosaik mit einer Jagdszene. **4** Die Thermen waren auch Orte erotischer Begegnungen: Mosaik mit einem Eroten. **5** »Romeo und Julia«: Musiktheater vor antiken Ruinen.

Zwischen Circus Maximus und dem Tiber legen Rombesucher immer wieder eine ihrer Hände in den geöffneten Mund eines furchterregend dreinschauenden Reliefgesichts, das vermutlich einmal die Verzierung eines antiken Abwasserdeckels war. In der Kirche S. Maria in Cosmedin steht an eine Wand gelehnt die Bocca della Verità, der Mund der Wahrheit. Das Innere der Kirche, die den höchsten Kirchturm der romanischen Epoche in Rom besitzt, fasziniert mit einem mehrfarbigen Marmorfußboden und einem gotischen Altarbaldachin.

Auf dem weiten Platz vor diesem Kirchenkleinod erheben sich zwei fast komplett erhaltene römische Tempel. Einer davon ist der Tempel des männlichen Glücks – der Tempel der Fortuna Virilis. Rund ist der Tempel der Vesta, neben dem sich ein mittelalterliches Haus erhebt, die Casa dei Crescenzi, die mit Bauelementen der Antike errichtet wurde und ein eigentümliches Steinpatchwork als Fassade präsentiert.

1

2

3

Das Kolosseum fasste rund 50 000 Zuschauer. Es ist nahezu komplett erhalten. Vor allem deshalb, weil es seit dem Mittelalter als katholische Pilgerstätte gilt und somit den Schutz der Päpste genoss. Im Jahr 80 wurde dieses größte Amphitheater der Antike mit tagelangen Gladiatorenkämpfen eingeweiht. Der Gang über die Galerien und durch die Bogengänge gehört zu den ganz besonderen Erlebnissen in Rom. Papst Benedikt XIV. ließ im 18. Jahrhundert die Wohnhäuser im Zentrum des Kolosseums entfernen, um den Riesenbau mit einer Höhe von 48,5 Metern zu restaurieren und weihte ihn den christlichen Märtyrern. Um das Kolosseum besonders verdient gemacht hat sich auch Pius VII. als er ab 1805 umfangreiche Restaurierungs- und Sicherungsmaßnahmen anordnete, nachzulesen auf einer Gedenktafel am Kolosseum. Dass es bereits unter Kaiser Konstantin mit der Kunstfertigkeit römischer Bildhauer zu Ende ging, beweist der beim Kolosseum gelegene Konstantinsbogen. Für seine Ausschmückung wurden Reliefbilder von anderen Gebäuden aus vergangenen Jahrhunderten benutzt.

Seit einigen Jahren ist nördlich des Kolosseums im Parco del Colle Oppio die Domus Aurea zu besichtigen. Die grandiosen Reste der einstmals mehrere Hektar großen Villa von Kaiser Nero liegen heute im Erdreich, mit bis zu 15 Meter hohen Rundsälen. Vom Kolosseum aus führt die Via di San Gregorio zum Circus Maximus. Linkerhand sollte man auf jeden Fall die hinter Büschen und Bäumen gelegene Kirche Ss. Giovanni e Paolo besuchen. Sie wurde auf den Resten antiker Märtyrer aus dem 4. Jahrhundert errichtet. Sie, wie auch die nahe gelegene Kirche S. Gregorio Magno, sind ein Mix aus Stilen, denn seit dem Mittelalter bauten verschiedene Päpste an diesen Gotteshäusern, die heute nur wenig besucht sind und deshalb viel Atmosphäre haben.

Zehn Minuten Fußweg vom Circus Maximus entfernt erheben sich die Ruinen der größten Badeanstalt der Welt. Die Caracallathermen haben ein Ausmaß von 330 mal 330 Metern. Sie konnten bis zu 3000 Menschen fassen und besaßen Bäder und Pools aller Art, Sporträume, Restaurants und eine Bibliothek für die anspruchsvolleren Zeitgenossen. Auch wenn die Wände dieser Thermen heute nicht mehr verkleidet sind, der antike Marmor wurde schon im Mittelalter zum Bau anderer Gebäude genutzt, ist der Eindruck beim Durchschreiten der zum Teil gut erhaltenen Strukturen umwerfend. Im Sommer finden in den Thermen Opernaufführungen statt, deren Klangqualität zwar zeifelhaft ist, die dafür aber einen Blick in die erleuchteten Ruinen bieten.

I Kaiserlicher Supermarkt im Abendlicht: Trajansmärkte. **2** Tempelruinen auf dem Forum Romanum. **3** Schlemmen mit Blick auf kaiserliche Ruinen: das Hotel Forum. **4** Gediegene Eleganz im Hotel Forum. **5** Ruhepause oberhalb von Tempeln und romanischen Kirchen: Terrasse des Hotels Fortyseven.

Stadien, Foren, Kaiserpaläste

Besichtigen
Forum Romanum und die Kaiserforen (Roms faszinierendes antikes Herz).
Mercati di Traiano (antikes Shoppingzentrum).
Colonna Traiana (Siegessäule des Kaisers Trajan).
Palatin (Hügel mit Ruinen der Kaiserpaläste).
Circus Maximus (antike Pferderennbahn).
Domus Aurea (Neros Goldenes Haus).
Caracallathermen (größte antike Thermenanlage).
Kolosseum (größtes antikes Theater).
Tempel der Vesta (Rundtempel).

4

Übernachten
**** *Fortyseven*, Via Petroselli 47, 06-6787816.

Apropos antike Steine. Rombesucher wundern sich oft, wo denn die vielen Steine geblieben sind, aus denen die Tempel und Paläste des Forums und des Kapitolshügels bestanden. Wo blieben die riesigen Travertinblöcke, die heute am Kolosseum fehlen? – Recycling ist die Antwort auf diese Frage!

Mit dem Ende des Römischen Reiches ging die antike Steinmetzkultur unter. Die Römer, die damals noch in der Stadt wohnten, nutzten die leer stehenden antiken Bauwerke deshalb als bequeme Steinbrüche. Die rechteckig und quadratisch behauenen Steine der alten Römer wurden verwendet, um neue Gebäude wie Kirchen und Paläste zu errichten. Auch die antiken Säulen nutzte man für sakrale und profane Architektur.

Wenn man aufmerksam durch Rom spaziert, stößt man immer wieder bei so manchem mittelalterlichen Gebäude auf antike »Steinzitate«, die noch heute gut zu erkennen sind. Vor allem aber während des Hochmittelalters und der Renaissance wurden die gigantischen Caracallathermen wie auch das Kolosseum im wahrsten Sinn des Wortes geplündert.

1

2

3

4

Hügel der Götter und Bürgermeister

Rundgang zum Kapitol

Das Kapitol: wo die römische Kaiser ihre Staatsgötter anbeteten und heute der Bürgermeister im schönsten Rathaus der Welt residiert, wo antike und barocke Kunst eine traumhafte Symbiose eingehen und von wo der Blick auf das Forum Romanum am schönsten ist.

Nichts erinnert mehr daran, dass in der Antike Staatsfeinde von einem Felsen in die Tiefe gestoßen wurden. Dort, wo sich vor über 1500 Jahren eine Felswand erhob, die zum Kapitolshügel gehörte, zieht sich heute eine Treppe mit breiten Stufen gemächlich den Hügel hinauf. Oben angekommen wird der Rombesucher von zwei altrömischen Skulpturen, den Dioskuren, empfangen. Vor dem Besucher breitet sich einer der schönsten Plätze der Welt aus, gestaltet von Renaissancegenie Michelangelo.
In der Mitte des architektonisch äußerst harmonisch gestalteten Platzes erhebt sich das Reiterstandbild von Marc Aurel. Eine Kopie, denn das aufwendig restaurierte Original befindet sich heute in einer Klimabox in den Kapitolinischen Museen.
Zentrum des Platzes ist der Senatorenpalast, in dem der römische Oberbürgermeister sein Büro hat. Unterhalb dieses Gebäudes befindet sich das noch gut erhaltene Tabularium. Es enthielt in der Antike das römische Staatsarchiv. Von den Fenstern des Rathauses aus geht der Blick über das gesamte Forum Romanum bis hin zum Kolosseum und dahinter sind gut sichtbar die meterhohen Skulpturen zu erkennen, die Teil der Fassade der Johannesbasilika sind. Rechts vom sicherlich schönsten Rathaus der Welt erhebt sich der Konservatoren- und links der Neue Palast. In ihnen sind die Kapitolinischen Museen untergebracht, eines der reichsten Museen Roms. Im Innenhof des Konservatorenpalastes stehen die Reste einer einstmals monumentalen Skulptur von Kaiser Konstantin. Der Kopf, die Hand und der erhaltene Fuß sind gewaltig.
Zu den Kapitolinischen Museen gehören eine Reihe von freskengeschmückten Sälen, die Mythen und Legenden aus der Geschichte Roms darstellen. Unter antiken Helden und heidnischen Göttern stehen Kunstwerke, die zum Verständnis der Antike unerlässlich sind und zum Schönsten gehören, was in Griechenland und Rom geschaffen wurde. So zum Beispiel das Symbol für Rom, die »Lupa

1 Symbolbild: die römische Wölfin in den Kapitolinischen Museen nährt Romulus und Remus, die Stadtgründer. **2** Hochzeit auf dem schönsten Standesamt der Welt: dem Kapitol. **3** Alpha-Männchen der Antike: Dioskur vor dem Kapitol. **4** Die Römer nennen das Denkmal für Vittorio Emanuele II. wenig respektvoll »Schreibmaschine« und »Gebiss«.

1 Das einzig erhaltene bronzene Reiterdenkmal der Antike zeigt Kaiser Marc Aurel. **2** Kolossalstatuen in den Kapitolinischen Museen. **3** Das schönste Rathaus der Welt: der Senatorenpalast. **4** Ein antiker Flussgott begrüßt die Museumsbesucher. **5** Der »sterbende Gallier«, eine römische Kopie nach dem griechische Original aus dem 3. Jahrhundert v. Chr.

Capitolina«, eine bronzene Wölfin aus dem 5. Jahrhundert v. Chr. Die Zwillinge Romulus und Remus, die sich zu ihr gesellen, stellen zwar die legendären Staatsgründer Roms dar, wurden aber erst im 15. Jahrhundert hinzugefügt.

In den Kapitolinischen Museen befinden sich einige der kostbarsten Skulpturen und Mosaiken der römischen Antike. Darunter der sterbende Gallier, Amor und Psyche und die berühmte kapitolinische Venus. In der kapitolinischen Pinakothek hängen Meisterwerke der italienischen Malerei der Renaissance und des Barock, von Tintoretto, Lotto, Palma und vielen anderen. Ein besonderer Anziehungspunkt sind die Darstellung der Taufe Christi von Tizian und das Porträt des Täufers Johannes von Caravaggio.

Der Spaziergang durch die Kapitolinischen Museen strengt an und so richtete die Museumsverwaltung auf einer Terrasse ein Café, die »Terrazza Caffarelli«, ein. Der Blick auf den Tiber und die Dächer und Kuppeln des ehemaligen jüdischen Ghettos ist wunderbar. Von der Piazza Venezia zu Füßen des Kapitols führt eine zweite und extrem steile Treppe zur Kirche S. Maria in Aracoeli hinauf. Dieses Gotteshaus steht auf den Resten des riesigen Junotempels. Es enthält herrliche Fresken von Giovanni Crivelli und Pinturicchio aus dem 15. Jahrhundert.

4

5

Vom Kapitol aus führt ein Fußweg den Hügel hinunter in ein stilles Viertel, in das sich nur wenige Touristen verirren.

Zwischen der Via della Consolazione und der Piazza della Consolazione auf der einen Seite und der Via di S. Teodoro auf der anderen des Viertels locken enge Straßen zum Bummeln. In diesem kleinen Viertel erhebt sich eine einzigartige Kirche. S. Giorgio in Velabro stammt aus dem frühen Mittelalter und hat in ihrem Innern das frühchristliche Ambiente komplett erhalten können. In den Bau der Kirche wurden angrenzende antike Gebäudereste integriert. So gehören zur Bausubstanz dieses Gotteshauses auch der Arco degli Argentari, der Bogen der Geldwechsler und Silberhändler, ein orientalisch geschmückter Eingang auf das Foro Boario, der von den Geldwechslern gestiftet worden war. Vor der Kirche steht der etwas größere Arco di Giano, ein Triumphbogen.

Nicht weit entfernt von diesen antiken Architekturjuwelen lockt die Küche von Giorgio Cialone. Sein Restaurant St. Teodoro befindet sich unterhalb des Palatinhügels. Chef Luciano Zazza zaubert römische Klassiker auf die Teller, *la carbonara* und *la matriciana*, aber auch kreative Gerichte der neuen italienischen Küchenkunst. Gleich um die Ecke gibt es eine der wenigen preiswerten Unterkünfte Roms. Die »Casa Kolbe« ist in einem Kloster untergebracht. Die Zimmer, alle mit Bad, und die Aufenthaltsräume sind einfach, aber sauber und: man nächtigt in einem der schönsten und am wenigsten überlaufenen Viertel Roms.

Das Kapitol – Hügel der Götter und der Bürgermeister

Besichtigen

Kapitolshügel (Roms antikes und auch aktuelles Verwaltungszentrum).
Kapitolsplatz (Platz von Michelangelo).
Kapitolinische Museen (die städtischen Kunstsammlungen).
S. Maria in Aracoeli (ein in eine Kirche umgewandelter Tempel).
S. Giorgio in Velabro (antike Kirche).
Arco degli Argentari (antiker Torbogen).
Arco di Giano (antiker Torbogen).

Essen und Trinken

St. Teodoro, Via dei Fienili 49, 06-6780933 (elegantes Restaurant).

Übernachten

** *Casa Kolbe*, Via di S. Teodoro 44, 06-6794974 (einfache, aber ordentliche Pension).

2

3

4

Vom Tempel zur Kirche

Barock trifft Antike – Flanieren rund um das Pantheon

Das antik-barocke Rom: wo der am besten erhaltene Tempel der Antike zu besichtigen ist und wo in zahllosen kleinen Gassen das Leben pulsiert, wo es noch Ecken gibt, die ganz still sind, und kleine Geschäfte mit herrlichen Leckereien.

Zimmer Nummer 608 und 602, Albergo del Senato: Vielleicht die wunderbarste Terrasse, um auf einen der schönsten Plätze Roms und das ungewöhnlichste Dach der Stadt zu schauen. Die Kuppel des Pantheons hat einen Durchmesser von sage und schreibe 43,30 Metern. Die größte antike Kuppel überhaupt. 16 monolithische Säulengiganten tragen die Vorhalle dieses ehemaligen Tempels, der nur deshalb nicht zerstört wurde, weil er schon früh in eine katholische Kirche umgewandelt wurde.

Die Piazza della Rotonda mit ihren hübschen Cafés ist relativ klein und wirkt fast schon intim. An der Piazza liegt das Hotel Sole al Pantheon, ein historisches Fünfsternehaus. An der Ecke der Piazza und zu Beginn der Via Torre Argentina wird jeden Morgen frisch in der Cremeria ein traumhaftes Mandeleis zubereitet. Im Café der Tazza d' Oro gibt es eine andere Eisspezialität: ein Kaffeesorbet mit Sahne. Bei »Fortunato al Pantheon« gehen Politiker ein und aus und wer die traditionellen römischen Gerichte probieren will, sollte unbedingt reservieren.

Das Viertel der Rotonda, wie das Pantheon auch genannt wird, bietet wichtige historische Monumente. Gleich hinter dem ehemaligen Tempel wurde auf einem Tempel der Minerva die Kirche S. Maria sopra Minerva errichtet, die einzige noch erhaltene Kirche Roms aus der Gotik. In ihr steht die Skulptur eines wieder auferstandenen Christus, ein Meisterwerk von Michelangelo. Im Grand Hotel de la Minerve gibt es Luxus pur und eine Dachterrasse mit Blick auf das Pantheon.

Die Piazza S. Ignazio wirkt wie eine Bühnendekoration. Auf der einen Seite drei hübsche Rokokogebäude und dann die gewaltige Fassade von S. Ignazio, eine der größten Barockkirchen Roms. In die zentrale Kuppel muss man zweimal schauen. Ist das Kuppelinnere nur gemalt oder ist es echt?

An der Piazza del Collegio Romano befindet sich der Eingang in den Palazzo Doria Pamphili, eine gewaltige Palastanlage. Der aktu-

1 Pastellfarbene Wohnhäuser an der kleinen Piazza S. Eustacchio. **2** Treffpunkt für junge Römer: der Brunnen auf der Piazza della Rotonda. **3** In der Via de' Cestari kleiden sich Päpste und Nonnen. **4** Der einzige komplett erhaltene antike Tempel: das Pantheon, Wunderwerk antiker Baukunst.

1

2

elle Hausherr zeigt in der Galleria Doria Pamphili Meisterwerke der Barockmalerei, darunter das berühmte Porträt von Papst Innozenz X., ein Vorfahr der Familie, von Velazquez. Besonders schön sind die prachtvoll gestalteten Räumlichkeiten der Privatgalerie.
Von der Piazza del Collegio Romano aus geht es in die Via Piè di Marmo, die ihren Namen von einem antiken Marmorfuß hat, der auf einem Sockel steht. In dieser Straße sollte man die selbst gemachten Pralinen bei »Moriondo e Gariglio« probieren und im »Green Tee« original chinesische Gerichte probieren. Dieses elegante Restaurants ist mit chinesischen Antiquitäten eingerichtet. Bei »La Coopola Storta« gibt es Coppole, jene typisch sizilianischen Kappen, die früher einmal nur von Mafiabossen getragen wurden und heute todschick sind. Das »Poggi« versorgt Maler mit Farben. Schon Giorgio de Chirico kaufte hier ein. Bei »Polidori« duften die Ledermodewaren bis auf die Straße hinaus. In den kleinen Gassen, die von der Marmorfußstraße abgehen, befinden sich kleine Kirchen wie S. Stefano del Cacco, die in der Regel nur wenig besucht werden, aber viel Charme haben.
Über die Piazza di Pietra, wo mächtige antike Säulen Teil der Börse sind und wo man im »Salotto 42« bei einem Glas Wein oder in »La Caffettiera« bei einer Tasse echt neapolitanischem Espresso eine kleine Pause einlegen sollte, geht es zur Piazza di Montecitorio. In dem von Bernini und Fontana errichteten Palazzo di Montecitorio, vor dem sich ein Obelisk erhebt, den sich Kaiser Augustus für seine gigantische Sonnenuhr aus Ägypten nach Rom bringen ließ, tagt das Parlament. Im Schatten des Obelisken gibt es in der Libreria Herder deutsche Bücher und ein fantastisches Reiseführersortiment. Direkt neben Herder führt »Mastro Raphael« elegantes Design und Möbel all' italiana.
In der Via di Campo Marzio geht die elegante Dame und der elegante Herr bei »Cenci« shoppen, Roms Traditionsmodeladen. Ein Tipp: Stellen Sie sich bei Sommer- und Winterschlussverkäufen in der Warteschlange auf der Straße an und Sie machen echte Schnäppchen. In der Via Uffici del Vicario verführt »Giolitti« seit Generation mit Eisleckereien. Gut sind auch die kleinen Kuchen. Neben dem Parlament residiert der italienische Ministerpräsident im fürstlichen Ambiente des Palazzo Chigi, der von den reichen Bankiers der Barockpäpste errichtet wurde. Auf der Piazza davor reckt sich die 30 Meter hohe antike und mit Marmorreliefs verzierte Säule des Marc Aurel in die Höhe.

3

4

1 Barockes Bühnenbild in Marmor: die Fassade von S. Maria Maddalena. **2** So gut erhalten, weil es in eine Kirche umgebaut wurde: Innenraum des Pantheons. **3** Roms einzige gotische Kirche steht auf einem antiken Tempel: S. Maria sopra Minerva. **4** Das Auge des Pantheon.

Von der Piazza del Parlamento aus finden sich in der Via dei Prefetti interessante Adressen. »Albertelli« bietet maßgeschneiderte Hemden und bei »De Clerque & De Clerque« werden Roms fantasiereichste Strickwaren angeboten. »Achilli« gilt als einer der am besten sortierten Weinshops und bei »Spinelli« kaufen selbst Filmstars Modeschmuck.

Das Café Ciampini an der Piazza S. Lorenzo in Lucina, mit der gleichnamigen Kirche, mit deren Bau schon im 4. Jahrhundert begonnen wurde, gilt als besonders schick, weshalb sich hier viel Prominenz aus Politik, Mode und Showbusiness sehen lassen. An der Piazza stellt »Bonpoint« in seinen Schaufenstern feinste Kindermode aus. Ganz in der Nähe am Largo Carlo Goldoni, an dem das Modehaus Fendi einen ganzen Palazzo trendy renovieren ließ, um seine Kollektionen zu präsentieren, kann der gutbetuchte Romtourist in der »Residenza Napoleone« wie ein Prinz schlafen. Dieses Luxus-B&B bietet antike Möbel und traumhafte Säle.

1 Essen und schmusen im Liegen: Supersofa im Supperclub. **2** Geschüttelt oder gerührt – hier bleiben keine Wünsche offen: Hausbar im Grand Hotel de la Minerve. **3** Piazza della Rotonda im Mittagslicht. **4** Roms schickster Einrichtungsladen: Spazio Sette.

Nicht weit entfernt sollte man einen Blick in den Innenhof des Palazzo Borghese werfen. Zu sehen gibt es barocke Brunnen. In der nahen Via Fontanella Borghese stellen die »Sorelle Fontana« ihre neusten Luxusmodekreationen in den Schaufenstern aus und bei »Pineider« gibt es Papierwaren der Superklasse. In der Via della Scrofa zeigt »arcon« die neusten Designmöbel aus Italien.

Wie ein Miniwolkenkratzer wirkt die schmale, aber hohe Fassade der S. Maria Maddalena in Campo Marzio, eines der schönsten Beispiele für den römischen Spätbarock. Ganz in der Nähe ist die Piazza delle Coppelle mit dem Lokal »Le Coppelle« zum einen In-Treffpunkt für trendiges Publikum geworden. Bei schönem Wetter wird die Minipiazza zu einer Art Open-Air-Bar. Gleich um die Ecke wird in »La Trattoria« Design-Ambiente und leichte italienische Traditionskost geboten. Das Riccioli-Café in der Via delle Coppelle hat sich auf Fisch und Austern spezialisiert.

Vorbei an der Renaissancekirche S. Agostino, in deren düsterem Innern die Madonna der Pilger von Caravaggio zu bewundern ist, eines der ergreifendsten Gemälde dieses Genies, geht es zum

Palazzo Altemps. Nach einer umfassenden Restaurierung präsentiert sich dieser Palast heute als einer der eindrucksvollsten Roms. In den freskengeschmückten Sälen sind die altrömischen Skulpturen der Collezione Ludiovisi ausgestellt, von denen einige zu den schönsten antiker Kunst gehören.

Südlich von S. Agostino beherbergt der barocke Palazza Madama mit seiner herrlichen Fassade den römischen Senat, die zweite Kammer des Parlaments. Rechterhand war bis 1935 im Palazzo della Sapienza die Universität untergebracht. Im Innenhof errichtete Borromini S. Ivo, eine Kirche mit einer eigentümlichen Kuppel in Form einer lang gezogenen Spirale. An der Piazza S. Eustacchio sollte man in der Bar Eustacchio Maronen in Zuckerguss probieren. Eine echte Spezialität. Hinter der Kirche S. Eustacchio mit der Hirschskulptur auf dem Giebel stellt Diego Percossi Papi Schmuckkreationen her, die an Renaissance und Barock erinnern. In der Via Monterone kochen Missionsschwestern im »L' Eau Vive« internationale Gerichte. Jeden Samstag gegen 22 Uhr tanzen die Nonnen und singen fromme Lieder. Wer es hipper mag, der sollte im »Supperclub« einkehren. Das exklusive Designrestaurant plus Bar bietet minimalistische Sofas unter barocken Deckenstuckaturen. Besonderer Kick: Essen und Trinken auf einem Supersofa, auf dem rund 30 Personen Platz finden.

Barock trifft Antike – Flanieren rund um das Pantheon

Besichtigen
Pantheon (ehemaliger Rundtempel). – *S. Maria Maddalena*, Via di S. Maria Maddalena (Barockkirche). – *S. Eustacchio*, Piazza S. Eustacchio (Barockkirche). – *Palazzo di Montecitorio*, Piazza di Montecitorio (Parlament). – *Palazzo Chigi*, Piazza Chigi (Sitz des Ministerpräsidenten). – *Piazza della Coppelle (intimer Platz)*. – *S. Maria sopra Minerva*, Piazza di Minerva (einzige gotische Kirche). – *S. Ignazio*, Piazza di S. Ignazio (Fassade, Innenraum). – *Palazzo Doria Pamphili*, mit Kunstgalerie, Piazza del Collegio Romano (Privatsammlung der Fürsten Doria).

Shoppen
Cenci, Via di Campo Marzio 1/7, 06-6990681 (eleganter Modeladen). – *Sorelle Fontana*, Via Fontanella Borghese 67, 06-6879124-68135406 (Haute Couture für Damen). – *Pineider*, Via Fontanella Borghese 22, 06-6878369 (Schreibwaren). *Bonpoint*, Piazza San Lorenzo in Lucina 25, 06-6871548 (Kindermode). – *Albertelli*, Via dei Prefetti 11, 06-6873401 (Hemdenmacher). – *arcon*, Via della Scrofa 104, 06-6833728 (Designladen). – *De Clerque & De Clerque*, Via dei Prefetti 10, 06-68136826 (Strickwaren). – *Barbara Spinelli*, Via dei Prefetti 25, 06-68301131 (Modeschmuck). – *Federico Polidori*, Via Pie' di Marmo 7, 06-6797191 (Lederwaren). – *Diego Percossi Papi*, Via di S. Eustacchio 16, 06-68801466 (Schmuck). *Mastro Raphael*, Piazza di Montecitorio 116, 06-69200632 (Einrichtungsgeschäft). – *Spazio Sette*, Via Barbieri 7, 06-6869708 (Einrichtungsgeschäft). – *Achilli*, Via dei Prefetti 15, 06-6873446 (Wein). – *Café Sant' Eustacchio*, Piazza Sant' Eustacchio 82, 06-68802048 (Kaffeebar). – *Ciampini Lucina*, Piazza San Lorenzo in Lucina 29, 06-6873620-6876606 (Kaffeebar). – *Moriondo e Gariglio*, Via Pie' di Marmo 21, 06-6990856 (Chocolatier). – *Herder*, Piazza di Montecitorio 120, 06-6794628 (deutsche Bücher).

Übernachten
***** *Grand Hotel de la Minerve*, Piazza della Minerva 69, 06-695201 (Grandhotel).
***** *Sole al Pantheon*, Piazza della Rotonda 63, 06-6780441 (elegantes Hotel).
**** *Albergo del Senato*, Piazza della Rotonda 73, 06-6784343 (Hotel mit Blick auf das Pantheon).
**** *Residenza Napoleone III.*, Largo Carlo Goldoni 56, 06-68808083 (exklusives Bed & Breakfast).

Essen und Trinken
Trattoria, Via del Pozzo delle Cornacchie 25, 06-68301427 (Designrestaurant). – *L' Eau Vive*, Via di Monterone 85, 06-68801095 (hier kochen Ordensfrauen). – *Salotto 42*, Piazza di Pietra, 06-6785804 (intime Trattoria). – *Sant' Eustacchio*, Piazza Sant' Eustacchio 82, 06-6861309 (Kaffeebar). *Riccioli-Café*, Via della Coppelle 13, 06-68210313 (Fischrestaurant). – *Fortunato al Pantheon*, Via del Pantheon 55, 06-6792788 (Traditionslokal). – *Green Tee*, Via Pie' de Marmo 28, 06-6798628 (elegantes Chinarestaurant). – *Giolitti*, Via Uffici del Vicario 40, 06-6991243 (Traditionscafé). – *Gran Caffè La Caffettiera*, Piazza di Pietra 65, 06-6798147 (Kaffeebar). *Tazza d'Oro*, Via degli Orfani 84, 06-6789792 (Kaffeebar). *Supperclub*, Via de Narni 14, 06-68807207 (Trendy-Restaurant und Nightclub).

1

2

3

4

Barock über alles

Um die Piazza Navona warten viele kleine Überraschungen

Piazza Navona: wo in einem ehemals antiken Stadion Kardinäle ihre Kutschen ausführten und wo Cafés zum Leutegucken einladen, wo in engen Gassen Antiquitäten in den Schaufenstern liegen und es ganze Straßenzüge mit alten Palazzi zu besuchen gibt.

Am schönsten ist die Piazza Navona früh morgens oder spät abends, wenn die vielen Nippesbuden und Bettelmusiker verschwunden sind und wenn der barocke Zauber dieses lang gezogenen Platzes erst so richtig zum Vorschein kommt. Seine Form verdankt der Platz einem römischen Stadion, das Kaiser Domitian errichten ließ. Bei der Piazza di Tor Sanguigna sieht man noch Reste dieses Bauwerks.

Wenn der Platz noch so gut wie leer ist, hört man das Rauschen der Brunnen. Vor allem des Vierflüssebrunnens, ein barockes Meisterwerk von Bernini. Er steht direkt vor S. Agnese in Agone, errichtet von Borromini, dem Konkurrenten Berninis. Die Kirche war einmal die Privatkapelle der Familie Pamphili. Im Palazzo Pamphili ist heute die brasilianische Botschaft untergebracht.

Westlich der Piazza Navona befindet sich die deutsche Nationalkirche, S. Maria dell' Anima mit einer »Heiligen Familie« von Giulio Romano (1522). Nur einige Meter entfernt verfügt das Hotel Raphael über ein schönes Dachrestaurant, das »Picasso«.

Die Kirche S. Maria della Pace besitzt mit ihrem halbrunden Vorbau eine der bewegtesten Barockfassaden Roms. Von Raffael stammen die »Sybillen« in der ersten rechten Kapelle. Der zur Kirche gehörende Kreuzgang ist eines der schönsten Werke des jungen Bramante. Im ersten Stock des Klosterhofs treffen sich Römer abends in einer Trendy-Winebar. Vor der Pace-Kirche gilt das Café della Pace als Treffpunkt von Künstlern und Intellektuellen.

Die Via del Governo Vecchio bei der Navona ist die Modemeile der jungen Nachwuchsdesigner. Patrizia Pieroni zum Beispiel stellt im »Arsenale« ihre Kreationen aus, und Mode der dreißiger bis sechziger Jahre gibt es bei »Luna & L' Altra«. »Vestiti usati Cinzia« ist ein herrlicher Secondhand-Modeladen. Zum Essen empfiehlt sich die laute und immer volle, aber echt volkstümliche Pizzeria Baffetto. Das Schlangestehen lohnt. In der Via del Teatro Pace liegt das komfortable und neue Hotel Teatropace 33.

1 Eine der am besten bestückten Metzgereien Roms: Antica Norcineria Viola auf dem Campo de' Fiori. **2** Blumenstand auf dem Campo de' Fiori. **3** Gelungener Mix aus Alt und Neu: die Rezeption des Hotel Raphael. **4** Großer Rummel: Weihnachtsmarkt auf der Piazza Navona.

1

2

Von der nördlich der Navona gelegenen Piazza Cinque Lune führt die kerzengerade Via dei Coronari zur Engelsbrücke und zur Engelsburg. Die Straße ist ein Dorado für Antiquitätenliebhaber. In der nahen Via Tor di Nona unterhält die deutsche Journalistin Eva Clausen die Fotokunstgalerie Luxardo. Sie hat sich auf jene Künstler spezialisiert, die man nicht überall zu sehen bekommt.

Jenseits des Corso Vittorio Emanuele II, der im 19. Jahrhundert, als Rom Italiens Hauptstadt wurde, durch die barocke Innenstadt geschlagen wurde, erreicht man die parallel zum Tiber verlaufende Via Giulia. Sie wurde im Auftrag des baulustigen Renaissancepapstes Julius II. von Bramante konzipiert. Ein Palast reiht sich an den anderen. Verkehrsberuhigt präsentiert sich diese Straße als schöner Spazierweg, vorbei an Schaufenstern von Antiquitätenläden.

In der Via dei Pettinari bietet das neue Viersternehotel Ponte Sisto klassische Eleganz und einen stillen Innenhof mit Café.

Parallel zur Via Giulia verläuft die Via dei Banchi Vecchi mit ihren vielen kleinen Trattorien, Kunstgalerien und Shops und »Il Goccetto«, eine der urigsten Weinbars im Zentrum. Im »Biblioteq« gibt es Feinkost all'italiana. »Laura Urbinati« schneidert freche Bikinimode und »Babele« ist Roms schwuler und lesbischer Buchladen Nummer eins.

Von der Via Giulia aus empfiehlt sich ein Besuch der Piazza della Chiesa Nuova, die ganz schnell durch kleine Gassen zu erreichen ist. Die Kuppel der Kirche aus der späten Renaissance und dem Barock hat Pietro da Cortona ausgemalt. Im Presbiterium befinden sich Meisterwerke von Rubens. Das Gotteshaus ist auf Wunsch des Filippo Neri errichtet worden, eines Heiligen, der sich im 16. Jahrhundert um die Armen Roms kümmerte. Borromini baute in der ersten Hälfte des 17. Jahrhunderts den Oratorio dei Filippini, direkt neben der Kirche, in dem die Bruderschaft Neris ihren Hauptsitz hatte.

Durch die Via V. Emanuele II. erreichen wir den Palazzo della Cancelleria, einen der schönsten Renaissancepaläste Roms. Er steht auf extraterritorialem Gelände und gehört dem Vatikan. In ihm war

3

1 Barockes Hochhaus: Fassade von S. Andrea della Valle. **2** Am besten legt man sich auf den Fußboden, um Decken- und Kuppelschmuck zu bestaunen. **3** Nackte Engel schauen auf Touristen herab.
4 Cappella della Madonna della Purita in S. Andrea della Valle.

früher ein Teil der päpstlichen Staatskanzlei untergebracht. Heute erfinden in seinen unter anderem von Vasari ausgemalten Sälen Experten neue lateinische Wörter für zeitgenössische Begriffe. Wörter, die der Vatikan für seine offiziellen Schreiben, die allesamt in Latein verfasst sind, nutzt. In der am Palazzo vorbeiführenden Via del Pellegrino liegt »Dal Viaggiatore«, Roms bestbestückte Reisebuchhandlung.

Im benachbarten Museo Barracco ist eine wichtige Sammlung ägyptischer und griechischer Kunstwerke und Skulpturen untergebracht. Schräg gegenüber liegen in den Schaufenstern von »Ansuini«, einem der ältesten Juweliergeschäfte Roms, traumhaft schöne Schmuckstücke. Nicht weit entfernt lohnt ein Besuch der Kirche S. Andrea della Valle. Die beeindruckende Fassade ist ein

2

3

I Treffpunkt für den Abend: die Designbar Fluid. 2 Zeitlose Eleganz: Die Inneneinrichtung der Suite »S. Maria dell' Anima« im Hotel Raphael gestaltete der Stararchitekt Richard Meier. 3 Kunstreiches Ambiente: Im Restaurant Relais Picasso des Hotel Raphael kann man Originalkeramiken von Pablo Picasso bewundern.

Werk von Carlo Maderna und Carlo Rainaldi. Eine riesige Hallenkirche mit der, nach dem Petersdom, zweithöchsten Kuppel Roms. Der Campo de' Fiori gilt immer noch als Rom bester Innenstadtmarkt. Wenn die Buden verschwinden, kommen die jungen Leute. Die zahlreichen Cafés und Weinbars wie die »Vineria Reggio« füllen sich ab dem späten Nachmittag bis tief in die Nacht.

Besuchenswert ist die am Platz gelegene Buchhandlung Fahrenheit 451. Leckere Pizza und Backwaren gibt es im »Il Forno« und die »Antica Norcineria Viola« gilt als einer der besten Wurstläden Roms. »La Carbonara« serviert ausgezeichnete Nudelgerichte. Hoch über der Piazza hat man von der Terrasse des B&B von »My Home your Home« einen 360-Grad-Blick über die Altstadt. Auch die »Casa Banzo« bietet fast schon luxuriöse B&B-Zimmer.

Durch eine kleine Straße geht es auf die Piazza Farnese, ein Platz, der zu den intimsten Roms gehört. Abends sitzen viele Einheimische, Alt und Jung, auf der Steinbank, die sich die gesamte Fassade des Palazzo Farnese entlang zieht. In dem gewaltigen Renaissancepalast, der eines der Hauptwerke von Antonio da Sangallo dem Jüngeren ist, residiert heute der französische Botschafter. Der Palazzo verfügt über umwerfend schöne Repräsentationssäle, die von Annibale Carracci und Domenichino ausgemalt wurden. Rechts vom Palazzo bieten Nonnen aus Schweden in der Casa Santa Brigida preiswerte Schlafmöglichkeiten.

Links vom Palazzo Farnese führt eine kleine Straße zum Palazzo Spada, in dem der Staatsrat untergebracht ist. Hinter der reich dekorierten Fassade hängen die Wände der Galleria Spada voll mit Meisterwerken der italienischen Renaissance- und Barockmalerei. Der Besucher bekommt einen Eindruck davon, wie einmal die Privatsammlung eines Kardinals aussah. Im Innenhof baute Borromini eine Galerie mit einem verblüffenden optischen Effekt, eine perspektivische Vortäuschung großer Länge.

Auf dem Weg zum Largo di Torre Argentina, wo der Rundgang endet, sollte man sich im Delikatessenladen »Roscioli« stärken. Am Largo Librai gibt es eine echte römische Spezialität. Das volkstümli-

che Lokal Filetto di Baccalà serviert fast ausschließlich frittierten Stockfisch. In der kleinen Via degli Specchi hingegen werden im Designrestaurant Crudo italienisch-asiatische Leckereien zubereitet. Zum Lokal gehört auch eine Szene-Bar. Quasi um die Ecke erhebt sich das gemütliche Dreisternehotel Teatro di Pompeo auf den Ruinen jenes antiken Theaters, in dessen Nähe Julius Cäsar ermordet wurde. In der Via de Barbieri zeigen die Designer David Loepp und Yutaka Nagai in ihrem Laden »Loepp e Nagai« eigenwillige Schmuckkreationen. In derselben Straße hat sich in einem barocken Palazzo »Spazio Sette« einquartiert, Roms schönstes Einrichtungsgeschäft.

Mussolini ließ auf dem Largo di Torre Argentina das Forum des republikanischen Roms ausgraben. Gut zu sehen sind die im Vergleich zu den späteren kaiserlichen Foren kleinen Tempel. Mitten im archäologischen Bereich lebt Roms größte Katzenkolonie. Am südlichen Ende des Grabungsfeldes führt eine kleine Treppe hinab, ins Zentrum der »Gattare«, wie man in Rom jene Frauen nennt, sie sich um streunende Katzen kümmern. Die »Gattare« vermittelten Patenschaften für ihre Lieblinge – an Katzenliebhaber in aller Welt.

Die Piazza Navona – barockes Rom pur

Besichtigen

Piazza Navona: Platz und Brunnen. – *S. Agnese in Agone* (Barockkirche). – *Palazzo Pamphili* (Barockpalazzo). – *Palazzo Altemps:* Antikenmuseum (Skulpturen in Renaissanceambiente). – *S. Maria della Pace* (runde Barockkirche). *S. Maria dell'Anima* (deutsche Nationalkirche). – *Via dei Coronari* (Antiquitätenläden). – *Via Giulia* (Paläste). – *Chiesa Nuova und Oratorio dei Filippini* (Barockensemble). – *Palazzo della Cancelleria* (größter Renaissancepalast). – *Campo de' Fiori* (Marktplatz). – *Palazzo und Piazza Farnese.* – *Galleria Spada* (Renaissancepalast). – *S. Andrea della Valle* (Barockkirche).

Shoppen

Arsenale, Via del Governo Vecchio 64, 06-6861380 (Damenmode). – *Luna & L'Altra*, Via del Governo Vecchio 105, 06-68804995 (Damenmode). – *Laura Urbinati*, Via dei Banchi Vecchi 50a, 06-68136478 (Damenmode). – *Ansuini*, Corso Vittorio Emanuele 151, 06-68806909 (Juwelier). – *Loepp e Nagai*, Via de Barbieri 24, 06-68803778 (Schmuck). – *Spazio Sette*, Via de Barbieri 7, 06-6869708 (Einrichtung). – *Bibliotheq*, Via dei Banchi Vecchi 124, 06-45433114 (Delikatessen). – *Roscioli*, Via dei Giubbonari 21, 06-6875287 (Delikatessen). – *Galleria Luxardo*, Via Tor di Nona 39, 06-68309555 (Fotokunst-Galerie). – *Fahrenheit 451*, Campo de' Fiori 44, 06-6875930 (Buchhandlung). – *Il Forno di Campo de' Fiori*, Campo de' Fiori 22, 06-68806662 (Bäcker). – *Antica Norcineria Viola*, Campo de' Fiori 43, 06-68806114 (Wurst). – *Babele*, Via dei Banchi Vecchi 116, 06-6876628 (Buchhandlung für Homosexuelle). – *Dal Viaggiatore*, Via del Pellegrino 78, 06-68801048 (Reisebücher). – *Vestiti usati Cinzia*, Via del Governo Vecchio 45, 06-6861791 (Outlet).

Übernachten

**** Teatro di Pompeo*, Largo del Pallaro 8, 06-68300170 (intimes Hotel in antiken Ruinen). **** Teatropace 33*, Via del Teatro Pace 33, 06-6879075 (kleines Hotel). **** Hotel Ponte Sisto*, Via dei Pettinari 64, 06-686310 (komfortables Haus). *** Casa Santa Brigida*, Piazza Farnese 96, 06-68892497 (Ordensfrauen). ***** Raphael*, Largo Febo, 06-682831 (elegant). **** Casa Banzo*, Piazza del Monte di Pietà 30, 06-6833909 (Bed & Breakfast). **** B&B Campo de' Fiori*, 06-6876373, www.myhomeyourhome.it (B&B mit Terasse).

Essen und Trinken

Roscioli, Via dei Giubbonari 21, 06-6875287 (traditionelle Küche). – *Il Goccetto*, Via dei Banchi Vecchi 14, 06-6864268 (Traditionskost). – *Crudo*, Via degli Specchi 6, 06-6838989 (Designrestaurant). – *Picasso im Hotel Raphael*, Largo Febo 2, 06-682831 (Dachterrasse). – *Filetto di Baccalà*, Largo Librai 88, 06-6864018 (frittierter Fisch). – *Chiostro del Bramante*, Arco della Pace 5, 06-68809098 (Kaffeebar). – *Baffetto*, Via del Governo Vecchio 114, 06-6861617 (Pizzeria).

Ausgehen

Bramante, Via della Pace 25, 06-68803961 (elegante Bar). *Caffè della Pace*, Via della Pace 3, 06-6861216 (Künstlerbar). *Crudo*, Via degli Specchi 6, 06-6838989 (junge Leute). *Fluid*, Via del Governo Vecchio 46, 06-6832361 (Designbar). *La Vineria Reggio*, Campo de' Fiori 15, 06-68803268 (Weinbar). – *Obika*, Via dei Prefetti 26a, 06-6832630 (Mozzarella-Restaurant). – *Supperclub*, Via de Nari 14, 06-68807207 (Essen im Liegen, Designrestaurant). – *Le Coppelle*, Piazza delle Coppelle, 06-6832410 (traditionelle Kost).

2

3

4

Nicht nur Wasserkunst

Trevi bietet mehr als nur einen gewaltigen Brunnen

Wo Roms prächtigster Brunnen steht und Fürsten ihre privaten Kunstsammlungen zeigen, wo der Staatspräsident im ehemaligen Sommerpalast der Päpste wohnt und verträumte Barockkirchen einladen.

Kenner kommen nachts, wenn nur das Rauschen des Wassers zu hören ist. Das Wasser, das aus zahllosen Brunnenlöchern fließt und spritzt. Dann erinnert man sich an die vollbusige Schwedin Anita Ekberg, die im Film »La Dolce Vita« nachts im Abendkleid in den Trevibrunnen stieg und diesen dadurch noch bekannter machte, als er ohnehin schon war. Tagsüber geht es am berühmtesten Brunnen der Welt wie auf dem Jahrmarkt zu.

Der Trevibrunnen ist ein Brunnen der Superlative. Er nimmt die Wand eines gesamten Palazzos ein. Das Wasser, das aus seinen Löchern sprudelt, wird über ein antikes Aquädukt, das im 15. Jahrhundert restauriert wurde, nach Rom transportiert. Papst Urban VIII. entschied sich im 17. Jahrhundert, den Endpunkt dieser Wasserleitung mit einer spektakulären und einmaligen Schauwand zu schmücken. Erst 1762 war der gewaltige Bau fertig.

Die Brunnenanlage ist ein ingenieurtechnisches Meisterwerk: Aufgrund des niedrigen Wasserdrucks musste sich Architekt Nicolo Salvi etwas wirklich Besonderes einfallen lassen. Um den Effekt des Rauschen zu erzeugen, der bei barocken Brunnen sehr beliebt war, ließ Salvi das Wasser so von den Sockeln herabfließen, als würde es von rasenden Wagen des Gottes Okeanos verdrängt.

Still ist es hingegen auch tagsüber in der Galleria dell' Accademia di S. Luca. Werke italienischer Malerei hängen an den Wänden dieser altehrwürdigen Malerakademie. Vorbei an der Papstuniversität Gregoriana und am urigsten Hutladen Roms, der leicht angestaubten »Cappelleria Viganò«, geht es zur Piazza dei Ss. Apostoli, einem der architektonisch harmonischsten Plätze von Rom mit Palästen und der Basilica dei Ss. Apostoli. Die Kirche aus dem 15. Jahrhundert enthält wertvolle Fresken der Renaissance. Umgebaut wurde sie von den Barockstars Carlo und Francesco Fontana.

Am selben Platz befindet sich der Eingang in den imposanten Palazzo Colonna, in dem eine der beeindruckendsten aristokratischen Gemäldesammlungen Roms untergebracht ist. Werke von Tintoretto, Caracci und Guercino. Atemberaubend schön ist die

1 Gründerzeitarchitektur: der Largo del Tritone. **2** Feinkostparadies: der Laden der Fratelli Ciavatta. **3** Beeindruckende Belle-Époque-Eleganz: im Shoppingcenter Galleria Sordi. **4** Tagsüber immer voll: die Piazza della Fontana di Trevi.

1

2

1 Brunnen im Hof des Hotels Domus Romana. 2 Alte Deckenfresken zur Begrüßung: Halle des Hotels Domus Romana. 3 Die Apostel Philippus und Markus ruhen in der Krypta unter dem Hauptaltar in Ss. Apostoli. 4 Blick vom Hotel Domus Romana in die stille Via S. Vitale.

große Galerie, die in den kleinen Park führt. An der Piazza dei Ss. Apostoli liegt auch das »Dune«. Die Diskothek mit Live-Events ist vor allem etwas für das junge Publikum.

Vom Trevibrunnen lohnt ein Abstecher in die Galleria Alberto Sordi, eine neue Shoppinggalerie. Auf dem Weg dorthin befindet sich ein Restaurant des Viertels, das noch nicht zum Touristenlokal verkommen ist. Im »Quirino« gibt es sizilianische Spezialitäten. Auch Karol Wojtyla aß dort als er Kardinal war. Im »Nanà« hingegen kocht Donna Amalia neapolitanische Leckereien. Wirklich gute kalabresische Küche gibt es im »Sacro & Profano«.

Einen Besuch in der Via della Pannetteria sollte man sich nicht entgehen lassen, denn in der Eisdiele »Il Gelato di San Crispino« gibt es nach Meinung vieler Römer das beste Speiseeis der Stadt. Etwas weiter, Richtung Piazza Barberini, ist das Lokal »Le Colline Emiliane« mit seinen Gerichten aus der Feinschmeckerregion Emilia-Romagna immer noch ein Geheimtipp unter Rombesuchern. Wer nur ein Glas Wein genießen will, kann das in der »Enoteca Vino Vip« tun: 800 verschiedene Tropfen liegen und stehen dort in den Regalen. Wein und Delikatessen gibt es im Laden »Il Tino di Vino« von Massimo Ciavatta. vor allem die Käseauswahl ist sehr gut.

Durch den Vicolo delle Mode erreicht man den romantischen Vicolo di Scanderberg und anschließend die Via della Dataria. Über eine breite Treppe geht es zur Piazza del Quirinale hinauf. Von dort ist der Blick auf Rom und den Platz atemberaubend schön. Dem Betrachter bietet sich auf der einen Seite die Altstadt bis hin zum Petersdom und auf den anderen Seite ein perfektes Ensemble frühbarocker und barocker Prachtbauten.

Im Palazzo della Consulta residiert der Verfassungsgerichtshof und in den Scuderie del Quirinale, die früher einmal die päpstlichen Pferdestallungen waren, werden Ausstellungen gezeigt.

In der Mitte des Platzes erhebt sich ein Brunnen, der gigantische altrömische Dioskuren und Pferde zeigt. Doch das größte Bauwerk am Platz ist der Quirinalspalast, in dem einst die Päpste eine Sommerresidenz hatten und heute der Staatspräsident residiert. Der

3

Trevi – nicht nur Wasserkunst

Besichtigen
Fontana di Trevi (Roms gewaltigster Brunnen).
Galleria dell' Accademia di S. Luca (interessante Gemäldesammlung barocker Meister).
Ss. Apostoli (Barockkirche).
Palazzo und Galleria Colonna (Kunstsammlung der Fürsten Colonna).
Palazzo del Quirinale (Palast des Staatspräsidenten).
Scuderie del Quirinale (Ausstellungshalle mit wechselnden Ausstellungen).
Palazzo della Consulta (Verfassungsgerichtshof).

Shoppen
Galleria Alberto Sordi, Piazza Colonna 31–35 (Shoppingmall).
Il Gelato di San Crispino, Via della Panetteria 42, 06-6793924 (Roms vielleicht bestes Eis).
Cappelleria Viganò, Via Minghetti 7, kein Telefon (Roms kuriosester Hutladen).

4

Essen und Trinken
Quirino, Via delle Muratte 84, 06-6794108 (Traditionslokal).
Enoteca Vino Vip, Via di San Vincenzo 15, 06-6793320 (Weinbar).
Nanà, Via della Panetteria 37, 06-69190750 (trendiges Restaurant).
Il Tino di Vino, Via della Panetteria 42b, 06-6792598 (Weinbar).
Sacro & Profano, Via dei Maroniti 29, 06-6791836 (gemütliches Restaurant).
Le Colline Emiliane, Via degli Avignonesi 22, 06-4817538 (Spezialitäten aus der Emilia-Romagna).

Ausgehen
Dune, Piazza Ss. Apostoli 52, 06-69925442 (Designbar und Diskothek).

Quirinal ist eine der größten Palastanlagen Europas und beherbergt neben einem barocken Park zahlreiche Kunstsammlungen, die leider nur selten zu besichtigen sind. Trösten kann man sich aber mit den zauberhaften Sonnenuntergängen, die man vom Quirinalsplatz mit Blick auf die Altstadt genießen kann.

2

3

4

Im Schatten der Kuppel

Zu Besuch im Vatikan, dem Reich von Benedikt XVI.

Vatikan und Borgo Pio: wo das Herz der katholischen Kirche schlägt, wo man unterhalb der Peterskirche einen antiken Friedhof besuchen kann und wo das Borgo Pio beim Vatikan wie ein kleines Dorf inmitten der Weltstadt wirkt.

Ein abendlicher Drink mit Blick auf die mächtige Fassade der Peterskirche und am Nebentisch sitzen Würdenträger der katholischen Kirche und nippen an ihren Cocktails – wo, außer in Rom, ist das schon möglich?

Das elegante Hotel Residenza Paolo VI. liegt direkt am Vatikan und hat eine für Rom einmalige Dachterrasse, die zum exklusiven Treffpunkt nicht nur von Touristen, sondern auch von Bischöfen und Kardinälen geworden ist.

Vom Hotel aus ist es nur ein Katzensprung in den Kirchenstaat und zum Sant' Uffizio, jener einstmals gefürchteten Behörde, die die Einhaltung des wahren Glaubens überwacht und der lange Zeit Joseph Ratzinger, der heutige Papst Benedikt XVI., vorstand.

Jenseits der Via Paolo VI., die das Hotel vom Petersplatz trennt, beginnt das Ausland. Sobald der Romreisende die Kolonnaden von Gian Lorenzo Bernini, die den Platz begrenzen, betritt, ist er in der Città del Vaticano, im kleinsten Staat der Welt.

44 Quadratkilometer Fläche, mehr nicht. Ein Minireich der Rekorde. Der Vatikan ist nicht nur die älteste Monarchie der Welt, denn der Papst regiert seinen Staat wie ein absoluter Herrscher, sondern auch ein Ort, wo es mehr Angestellte, rund 2400, als Staatsbürger gibt, knapp 770.

Das Reich der Stellvertreter Gottes auf Erden nahm einmal ganz Mittelitalien ein. Mit der italienischen Staatseinigung in der Mitte des 19. Jahrhundert verloren die Päpste bis auf den Vatikan alle ihre Territorien. Damals zogen sich die Päpste hinter die mittelalterlichen Mauern ihres Staates zurück, weil sie mit den neuen Machthabern in Rom nichts zu schaffen haben wollten.

Erst der ehemalige Kirchengegner Benito Mussolini, der als Duce schnell begriffen hatte, das gute Kontakte zur katholischen Kirche nützlich sind, handelte mit dem Vatikan die sogenannten Lateranverträge von 1929 aus. Diesen Verträgen zufolge erhielt der Papst einen Teil jenes Territoriums zurück, das einmal zu seinem Staat

1 Apostelmosaik in luftiger Höhe im Petersdom. **2** Einmal frei von Straßenhändlern: die Engelsbrücke zur Engelsburg. **3** Ägyptischer Gott Anubis in den Vatikanischen Museen. **4** Ein unbedingtes Muss: Mittwochsaudienz auf dem Petersplatz.

gehörte; es handelt sich vor allem um Basiliken. Dazu gehören auch die heute extraterritorialen Pilgerkirchen S. Giovanni in Laterano mit dem Lateranpalast, S. Paolo fuori le Mura und andere Basiliken. Der Vertrag regelte außerdem die Beziehungen zum italienischen Staat.

Rombesucher können sich lediglich in einem kleinen Teil des Vatikanstaats frei bewegen: auf dem Petersplatz und in der Peterskirche. Hinein ins Papstreich kommen nur wenige.

Linkerhand der Basilika befindet sich eines der Eingangstore. Davor stehen zwei Schweizer Gardisten. An Vormittagen sollte man sie ansprechen und das Zauberwort »Deutscher Friedhof« aussprechen. Dann wird einem der Weg zum Campo Santo Teutonico erklärt, der direkt im Schatten der mächtigen Basilika liegt.

Dieser Friedhof wurde im Jahr 799 von Pilgern aus dem deutschsprachigen Nordeuropa angelegt und noch heute finden hier verdiente deutschsprachige Katholiken ihre letzte Ruhe. Zum Campo gehört auch ein deutsches Priesterkolleg mit einer 45 000 Bücher starken Bibliothek.

Der Haupteingang in den Vatikan ist die Porta S. Anna. Ein streng bewachter Ort, denn hier gehen sie alle ein und aus: der Papst und

1 Pilgerziel auch für Ordensleute: auf dem Weg in die Peterskirche.
2 Sie kommen aus aller Welt: Pilgergruppen auf dem Petersplatz.
3 Unterwegs mit dem Papamobil: Generalaudienz ist immer mittwochs.
4 Posieren mit dem Papst im Hintergrund. **5** Ohne Erinnerungsbild geht es nicht: bayerische Franziskaner bei der Mittwochsaudienz. **6** Papst Benedikt XVI. multimedial.

5

seine Kardinäle und alle offiziellen Besucher. Man erzählt sich, dass Joseph Ratzinger, kurz nachdem er zum Papst ernannt worden war, in den Abendstunden zu Fuß den Kirchenstaat verließ, um in seine der Porta S. Anna gegenüber gelegene Wohnung zu gehen. Dort versorgte er zunächst seine Katzen und packte dann einige Bücher zusammen, die er mit in sein neues Domizil nahm.

Wer mit einem Rezept für Medikamente nach Rom kommt, kann einen der Schweizer Gardisten an der Porta S. Anna nach der Vatikanapotheke fragen. In einem kleinen Büro wird einem dann, gegen Vorlage eines gültigen Ausweisdokuments, ein Passierschein ausgestellt und schon ist man im Staat des Papstes. In der Post kann man die staatseigenen Münzen und Briefmarken kaufen und in der Apotheke Parfüms und andere Schönheitsartikel zu Preisen, die in der Regel mindestens 20 Prozent unter dem Durchschnitt liegen. Die Zollfreiheit im Kirchenstaat macht es möglich.

Ein Besuch des Vatikans führt zunächst auf den Petersplatz. Am besten setzt man sich auf eine der Stufen an den Kolonnaden mit ihren 284 Säulen und genießt in Ruhe das grandiose Ensemble aus Säulen und 140 Heiligenstatuen, den 25,50 Meter hohen ägyptischen Obelisken, der 1586 aufgestellt wurde, die Brunnen und die Fassade des Petersdoms mit der Kuppel von Michelangelo.

Die Piazza ist eine der prächtigsten Platzanlagen der Welt. Sie ist ein Werk des Bernini, der mit der elliptischen Form den Erdkreis symbolisieren wollte.

1

2

Bernini nutzte für die Platzgestaltung einen optischen Trick. Zwischen dem Oval des Platzes und der Basilika legte er einen anscheinend rechteckigen Vorplatz an. In Wirklichkeit ist der aber trapezförmig und die Flügelbauten an seinen Seiten laufen zur Fassade von S. Peter hin auseinander. Dadurch wirkt die Fassade höher als sie tatsächlich ist.

Die Basilika steht zum Teil auf den Resten eines antiken Zirkus aus der Zeit von Kaiser Nero. Hier soll Petrus gekreuzigt und in der benachbarten Nekropole begraben worden sein. Sich daran erinnernd, errichteten die ersten Christen zwischen 160 und 180 eine erste Kapelle. Kaiser Konstantin, der sich erst auf dem Totenbett zum Christen taufen ließ, baute die erste riesige Basilika. Eine prächtige Kirche, von der aber so gut wie nichts mehr erhalten geblieben ist.

Papst Julius II. schuf die neue Peterskirche. 1506 erfolgte die Grundsteinlegung für das größte Gotteshaus der katholischen Kirche. An ihrer Vollendung waren die bedeutendsten Künstler der Renaissance beteiligt. Bramante und Michelangelo und Carlo Maderna.

3

4

5

1 Bevor der Petersdom für die Pilger öffnet, wird sauber gemacht. **2** Heiligenbild zwischen Zentralpfeiler und Kuppel von Michelangelo. **3** Der Hauptaltar und Michelangelos Kuppel erheben sich direkt über dem Grab des Apostelfürsten Petrus. **4** Unterhalb des Hauptaltars haben die Päpste ihre letzte Ruhestätte gefunden. **5** Kapelle in den päpstlichen Grüften.

Michelangelo befürwortete einen Zentralbau, der aber im Zuge der Gegenreformation nicht mehr den Vorstellungen der Päpste entsprach.

Zwischen der 45,50 Meter hohen Fassade und dem Eingang zur Kirche liegt die Vorhalle mit prächtigen Bronzeportalen aus dem 15. Jahrhundert. Rechterhand liegt die Porta Santa, die nur in heiligen Jahren geöffnet wird.

Wer zum ersten Mal diese Kirche betritt, ist überwältigt. Der Gesamteindruck ist atemberaubend. Das Hauptkirchenschiff ist 186 Meter lang und hat ein 45 Meter hohes Tonnengewölbe. Die Kirche misst bis zum Scheitel der Kuppel 119 Meter. Das Querhaus ist fast 138 Meter breit. Die helle und harmonische Gestaltung des Innenraums wirkt klar und überschaubar. Wie groß die einzelnen Säulen und Kapellen wirklich sind, begreift man erst, wenn man sich

ihnen nähert. So messen beispielsweise die Buchstaben des Schriftbandes in der Höhe des Kuppelansatzes sage und schreibe sechs Meter!

Bernini schuf mit nur 26 Jahren den Hauptaltar, ein Meisterwerk des römischen Barock, mit so dicken gedrehten Bronzesäulen, dass darin Treppen zum Baldachin hinauf führen. Unterhalb des Baldachins befindet sich der Hauptaltar von S. Peter. Das Grab Petri liegt genau darunter. Ein Grab, das erst in der ersten Hälfte des letzten Jahrhunderts von Archäologen entdeckt wurde. Direkt unter dem Baldachin befindet sich zunächst ein Kellergeschoss mit den Grüften zahlreicher Päpste, die sogenannten Vatikanischen Grotten. Eines davon ist das viel besuchte Grab von Johannes Paul II.

Unterhalb dieser Gewölbe liegen die Reste des antiken Friedhofs, auf dem die ersten Christen ihre letzte Ruhe fanden. Bei Grabungen, die Papst Pius XII. zwischen 1940 und 1957 durchführen ließ, wurden das Petrusgrab und andere Gräber entdeckt. Diese faszinierenden Grabungen sind nur auf Reservierung zugänglich und zwar im Büro der Uffico Scavi, das beim Campo Santo Teutonico liegt.

Hinter dem Papstaltar erhebt sich der Bischofsthron Petri, die sogenannte Cathedra Petri, die den Anspruch der römischen Päpste auf die Nachfolge des Apostelfürsten zum Ausdruck bringen soll. Ein grandioses Werk von Bernini. 1970 wurde der gigantische Bronzesitz geöffnet und zum Vorschein kam ein Thron von Karl dem Großen, den dieser Papst Leo III. schenkte, der ihn Weihnachten 800 in Rom zum Kaiser krönte.

Die zahlreichen Grabmonumente in der Kirche sind aufwendig geschmückt. Vor allem im Stil des Barock. Hinter Panzerglas steht die Pietà Michelangelos. Mit nur 25 Jahren schuf der Florentiner Künstler 1499 dieses Meisterwerk der Kunstgeschichte.

1 Eine Aussicht, die alle Aufstiegsmühen belohnt: spätnachmittäglicher Blick von der Peterskuppel auf das Centro storico. **2** Man muss schon schwindelfrei sein: auf der Galerie unterhalb der Kuppel. **3** Papstwappen an der barocken Decke in der Peterskirche.

Michelangelos Pietà sollte eigentlich Teil eines Grabmonuments werden, das der französische Kardinal Jean de Villiers de la Groslaye bei dem erst 25 Jahre jungen Künstler in Auftrag gab. Michelangelo zeigt die Mutter Gottes in idealer Schönheit. In ihren Armen hält sie den toten Jesus. Die Darstellung von dessen erschlaffter Muskulatur beweist, dass Michelangelo hervorragende Anatomiekenntnisse hatte.

An dieser Stelle ein Tipp: Im Reisegepäck sollte man unbedingt ein kleines Fernglas haben. In vielen Kirchen und Palästen lassen sich die Deckenfresken mit einem solchen am Besten anschauen. Auch die Pietà ist so besser zu studieren, denn nach dem Anschlag eines Geistesgestörten auf die Skulptur steht sie heute in einigen Metern Entfernung von den Betrachtern hinter einer Wand aus Panzerglas. Mit einem Fernglas lassen sich die wirklich erstaunlich realistisch wiedergegeben Körperpartien der Skulptur erkennen.

Unbedingt zu besuchen ist der Tesoro di S. Pietro. Dank vieler Stiftungen entwickelte sich diese Schatzkammer der Peterskirche zur reichsten Europas, mit Diamanten besetzten Monstranzen und den Tiaren, den kostbaren Kronen der Päpste. Zweimal wurde sie geplündert. 846 durch die Sarazenen und 1527 durch die Söldner Kaiser Karl V., als dieser Rom eroberte. Unter den Schätzen finden sich einzigartige Gegenstände, wie zum Beispiel eine gedrehte und mit Weinlaub verzierte Marmorsäule: Sie soll aus dem legendärem Tempel Salomons in Jerusalem stammen.

Hat man die an manchen Tagen aufwendigen Sicherheitskontrollen hinter sich gebracht und steigt die Treppe zum Dach der Peterskir-

che hinauf, eröffnet sich ein fantastischer Blick auf den Petersplatz und die schnurgerade Via della Conciliazione, die Mussolini anlegen ließ, um das neue Bündnis zwischen Kirche und Staat zu symbolisieren. Die Via della Conciliazione führt direkt zur Engelsburg und zum Tiber.

Man kann aber auch den Lift zum Kirchendach benutzen. Von hier aus führt ein nicht unbedingt bequemer Fußweg weiter auf die Kuppel des Michelangelo. Einen Aufstieg sollte man möglichst bei klarem Wetter unternehmen. Der Blick bis zu den Albaner Bergen lässt alle Anstrengungen vergessen.

Von hier oben aus genießt man auch einen herrlichen Blick in die Vatikanischen Gärten, die der gesunde Johannes Paul II. für Spaziergänge nutzte. Die Gärten sind der Öffentlichkeit in der Regel unzugänglich. Nur in geführten Gruppen ist ein Besuch möglich.

Der Vatikan verfügt über die vielleicht reichste Kunstsammlung der Welt. Gigantische Museen. Wie groß sie genau sind? Das wissen noch nicht einmal die 400 Angestellten, die jeden Tag in ihnen arbeiten. Säle und Gänge, Flure und Kammern aneinander gereiht ergeben ungefähr acht Kilometer Länge. Niemand hat genau nachgemessen. Diejenigen, die mehr oder weniger alle Schätze der Vati-

1 Nur für den Papst: die Vatikanischen Gärten. **2** Blick auf eine der Galerien der Vatikanischen Museen. **3** Jedem Papst sein Gartenwappen: Blick von der Peterskuppel auf den Regierungssitz des Vatikan. **4** Die Fontana del Sacramento in den Vatikanischen Gärten. **5** Seit der Renaissance verschönerten die Päpste ihre Gärten. **6** Etwa zehn Gärtner pflegen die Gärten von Benedikt XVI. **7** Die Casina von Pius IV. (1558).

5

6

kanischen Museen wenigstens im Schnelldurchgang sehen wollen, müssen sich auf einen langen Weg gefasst machen.
Der Eingang in die Musei Vaticani liegt in der nördlichen Viale Vaticano. Doch in der Regel muss man sich schon an der Piazza Risorgimento anstellen. Fast immer endet dort die Schlange jener Besuchermassen, die sich täglich in die Vatikanischen Museen drängen. Manchmal sind es bis zu 23 000 Menschen. Im vergangenen Jahr kauften drei Millionen Touristen Eintrittskarten.
Deshalb ein wichtiger Tipp: Machen Sie sich frühmorgens zu den Sammlungen der Päpste auf den Weg. Stellen Sie sich vor das Haupttor des Eingangs, noch bevor dieses geöffnet wird. Nur so lässt sich zermürbendes, stundenlanges Warten vermeiden. Noch ein Tipp: Ziehen Sie sich unbedingt bequemes Schuhwerk an und stecken Sie in eine Handtasche eine kleine Flasche Mineralwasser und einige Kekse. Es gibt in den Museen zwar ein Café, aber der Weg dorthin kann, je nach dem, wo Sie sich gerade befinden, sehr lang sein.
Nach dem Kauf der zwölf Euro teuren Eintrittskarte können etwa 42 000 Quadratmeter Ausstellungsfläche besucht werden. Mehrfarbige Hinweistafeln und -schilder versuchen Ordnung in die Orientierungslosigkeit vieler Touristen zu bringen. Was soll man sich anschauen? Nur die altrömische Kunst? Oder die der Ägypter? Die Skulpturen der Griechen und Etrusker oder nur die Gemälde der Renaissance? Nur die Sixtinische Kapelle?

1

2

3

Ein weiterer Tipp: Lassen Sie sich treiben. Bummeln Sie durch diese riesige Schatzkiste, die zu den päpstlichen Palästen gehört. Nehmen Sie sich nicht vor, alles sehen zu wollen. Das wäre ohnehin unmöglich, es sei denn, Sie haben mindestens eine Woche zur Verfügung.

Ausgangspunkt der gigantischen Kunstsammlungen der Päpste ist ein nackter gut aussehender junger Mann, dem vor Jahrhunderten der Penis abgeschlagen wurde. Diese altrömische Skulptur, die den Gott Apoll darstellt, ist die Kopie eines griechischen Originals. Papst Julius II. gefiel der heidnische Gott so gut, dass er ihn 1503 zusammen mit anderen Highlights seiner Antikensammlung in einem kleinen Gartenhof des Belvedere-Palastes innerhalb des Vatikans aufstellen ließ. Dort steht heute auch die berühmte Laokoongruppe, die 1506 in einem Weinberg gefunden wurde.

Seit Julius II. sammelten die Stellvertreter Gottes auf Erden Kunst und stellten sie aus. Der Grundstock der Vatikanischen Museen war geboren. 1513 meinte Papst Leo X., dass es neben der Förderung des Glaubens genauso wichtig sei, die Kunst zu fördern. Daran hielten sich auch seine Nachfolger.

Die Sammelleidenschaft der Pontifexe stellte Europas kunstfreudige Fürsten bald schon in den Schatten. Vor allem ihre Antikensammlungen sind beispiellos. Bis 1756 durften allerdings nur hoch gestellte Gäste der Päpste die Kunstwerke bewundern. In jenem Jahr machte Benedikt XIV. das Museo Sacro, das Museum für Sakralkunst, als erstes Museum des Vatikans der Öffentlichkeit zugänglich. Insgesamt zeigen die Musei Vaticani mit ihren rund 1000 Räumen und 20 Innenhöfen ungefähr 50 000 Kunstobjekte, ganz zu schweigen von den zahlreichen Gemälden und Skulpturen, die unbeachtet in Magazinen lagern oder die Wohnungen und Büros der Kardinäle zieren.

Besonders faszinierend ist das Museo Chiaramonte, das Teil der Vatikanischen Museen ist. Der Besucher bummelt durch einen endlos wirkenden Korridor, vorbei an zahllosen antiken Büsten. Im Braccio Nuovo, im Neuen Flügel des Museums, stehen einige der schönsten Skulpturen der römischen Antike, wie zum Beispiel der »Augustus von Prima Porta«, die wohl bedeutendste Darstellung des Kaisers.

Das Besondere der Skulpturen dieser Sammlung: Sie sind fast komplett erhalten und stellen somit einen besonderen Wert dar. In den meisten Fällen wurden sie von den Archäologen der Päpste intakt aus dem römischen Erdreich geholt und direkt in den Vatikan gebracht. Im Museo Pio Clementino finden sich weitere atembe-

1 Verschnaufpause auf einer Dachterrasse der Vatikanischen Museen. **2** Über Bramantes geniale Spiraltreppe verlässt man heute die Schatzkammern der Päpste. **3** Im Braccio Nuovo werden Meisterwerke antiker Marmorkunst gezeigt. **4** Antike Brunnenschüssel als Taufbecken. **5** Gemalte Landkarten so weit das Auge reicht.

raubende Schätze der Antike. Dieses 1763 eröffnete Museum war eines der ersten seiner Art. Herrlich ist die Skulptur des »ölschabenden Athleten«, eine römische Marmorkopie nach einem Bronzeoriginal des griechischen Bildhauers Lysipp.

Teil dieser Sammlung ist eine Skulpturengruppe, die schon allein den Besuch der Vatikanischen Museen lohnt. 1506 wurde in einem Weinberg bei Rom ein Kunstwerk gefunden, von dem bis dato nur die ausführliche Beschreibung des römischen Schriftstellers Plinius des Älteren aus dem 1. Jahrhundert vorlag.

Es handelt sich um die Laokoongruppe. Der trojanische Seher und Apollo-Priester Laokoon hatte seine Landsleute vor dem hölzernen Pferd des Odysseus gewarnt. Deshalb schickte die Göttin Athene zwei Schlangen, um Laokoon und seine Söhne zu töten. Die realistische Wiedergabe der menschlichen Verzweiflung in der Todesstunde ist atemberaubend.

Nicht nur die ausgestellten Gegenstände, sondern auch die Ausstellungssäle sind sehenswert. Die Stanzen Raffaels zum Beispiel.

1 Die antike Laokoongruppe bildet den Ausgangspunkt der 500-jährigen Geschichte der Vatikanischen Museen. **2** Ein römischer Faun stellt einer Dame nach: neckische Kunst der Antike. **3** Meisterwerk der Renaissancekunst: die vatikanische Bibliothek. **4** Landschaften und Grotesken an der Decke der Bibliothek. **5** Entspannt und mächtig: Nil-Skulptur im Braccio Nuovo. **6** Ein antikes Ehepaar: Grabmonument im Museo Clementino.

Das sind Säle, die Julius II. von Raffael Santi ausmalen ließ. Der Renaissancestar schuf zwischen 1508 und 1520 die Fresken, die Antikes und Christliches miteinander verbinden. Auf das Freskenbild »Disputa del Sacramento« kritzelte 1527 während der Plünderung Roms durch die Landsknechte Karl V. ein Protestant ein Hoch auf Luther an die Wand. Es wurde nie entfernt.

Von Raffaels Wandbildern aus gelangt der Besucher in die Sixtinische Kapelle. Hier, wo nach dem Tod eines Papstes im Konklave ein Nachfolger bestimmt wird, geht es in der Regel so laut zu, dass Angestellte der Museen alle paar Minuten mit einem lauten »Silenzio«-Ruf die Ruhe wieder herzustellen versuchen. Meistens leider vergeblich.

Der Geräuschpegel der vielen Menschen lässt Momente stiller Andacht nicht zu. Man fühlt sich wie in einer überfüllten Bahnhofs-

5

6

halle. Gottvater schaut zornig auf das bunte Volk zu seinen Füßen. Michelangelos »Jüngstes Gericht« auf einer Fläche von 180 Quadratmetern erstrahlt nach einer gründlichen Restaurierung in auffällig intensiven Farben. Für manche zu auffällig, sodass Kunsthistoriker wie der Amerikaner James Beck von »Disney-Pop-Art« sprechen. Die vielen Bibelpersönlichkeiten, egal ob zu farbkräftig oder nicht, hinterlassen beim Betrachter auf jeden Fall einen gewaltigen Eindruck.

Weiter geht es in die Cappella Nicolina. Hier malte ein anderer Star der italienischen Kunstgeschichte religiöse Sujets an die Wände des kleinen Gebetsraums. Fra Angelico schuf zwischen 1448 und 1450 für Papst Nikolaus V. Heiligenszenen.

Prächtig sind auch die Wandbilder im Appartamento Borgia, wo der berühmt-berüchtigte Alexander VI. zusammen mit seinen Kindern wenig frommen Interessen nachging.

Ende des 15. Jahrhunderts verschönerte Bernardino di Pinturicchio diese Zimmerfolge mit Szenen in leuchteten Farben. In den Borgiagemächern wird heute moderne und zeitgenössische religiöse Kunst gezeigt. Diese eher unbekannte, wenig beachtete aber hochinteressante Sektion der Vatikanischen Museen ist Papst Paul VI. zu verdanken. Er war, was nur wenige wissen, ein leidenschaftlicher Kunstfreund. Wie keiner seiner Nachfolger sammelte er zeitgenössische religiöse Kunst.

Wer nach mehreren Stunden die Vatikanischen Museen verlässt, sollte sein Eintrittsticket nicht wegwerfen. Es berechtigt auch zum Besuch des historischen Museums im vatikanischen Lateranpalast bei der Basilika San Giovanni:

Ein von Touristen unbegreiflicherweise nur wenig frequentierter Ort, an dem Einblicke in die Geschichte des päpstlichen Haushaltes geboten werden. So sind beispielsweise im ersten Stock des Lateranpalastes päpstliche Juwelen, Sänften, Fächerwedel und andere prächtige Utensilien zu bestaunen, die seit dem Zweiten Vatikanischen Konzil leider keine Verwendung mehr finden.

Nach den Museen sollte man eine Pause im Borgo Pio einlegen. In jenem kleinen und fast schon dörflich wirkenden Viertel beim Petersplatz, wo man durch Straßen mit kleinen Geschäften und gemütlichen Lokalen bummeln kann.

Mitten durch dieses Viertel führt der 800 Meter lange Passetto, jener sagenumwobene Fluchtweg, der den Papstpalast mit der Engelsburg verbindet.

1 Audienz beim Papst: Benedikt XVI. in der Aula Paolo VI. 2 Einst ein Kardinalspalast, heute elegantes Hotel: das »Columbus« beim Petersdom ... 3 ... beeindruckt mit historischen Räumlichkeiten, hier das Ristorante La Veranda. 4 Madonnen in Hülle und Fülle: Devotionalienläden in der Via della Conciliazione. 5 Schlicht, aber stilvoll: das Treppenhaus der Residenza Madri Pie.

Es waren die Päpste, und nur sie, die den Schlüssel zur Tür des Passetto aufbewahren durften. Im Notfall holten sie ihn aus einem Tresor und flohen in die Engelsburg. So floh beispielsweise Clemens VII., als Kaiser Karl V. 1527 mit seinen süddeutschen Landsknechten Rom eroberte und plünderte, in großer Eile in die Sicherheit hinter den meterdicken Mauern des ehemaligen altrömischen Grabmals. Auch Pius III. zog sich 1503 mit Sack und Pack, mit seinen Töchtern und einigen Dienstboten in die Engelsburg zurück, weil er befürchtete, von der mit ihm verfeindeten Familie Orsini ermordet zu werden. Diese beiden Päpste sind die einzigen Pontifexe die nachweislich den Passetto als Fluchtweg benutzten. Es wird berichtet, dass sich auch Gregor VI., Heinrich II. und Pius VII. über den Passetto in Sicherheit brachten.

Im Borgo Pio gibt es gute, preiswerte Gaststätten wie die Pizzeria Angeli a Borgo. Die Taverna Angelica ist eine ausgezeichnete Trattoria, in der Joseph Ratzinger als Kardinal häufig Gast war. Serviert wird traditionelle römische Küche. Norditalienische Spezialitäten kocht Patrizia Podetti in ihrem gemütlichen Restaurant Velando.

Eine richtig hübsche Teestube ist das »Makasar«, wo es über 150 Teesorten und Zubehör zum Teeritus gibt. Eine echt römische Trattoria, so wie sie inzwischen selten geworden ist, ist »Benito e Gilberto«: Es gibt einfache, aber richtig leckere Hausmannskost. »Theobroma« hingegen ist eine nette Weinbar, in der die Einheimischen vor allem abends gegen acht Uhr zum Aperitif vorbeischauen.

Das vielleicht schönste Restaurant ist aber das »La Veranda«. Es gehört zum Hotel Columbus. Der Renaissancepalazzo ist mit alten Möbeln eingerichtet und bietet im ersten Stock prachtvolle Säle. Gegessen wird in einem freskengeschmückten Saal, einem der schönsten Speisesäle Roms! Das Hotel Columbus ist sicherlich nicht preiswert, dafür wohnt der Gast jedoch in einem Gebäude, das wirklich fürstlich ist.

Wer sparen und trotzdem sauber und ordentlich übernachten will, sollte sich an die freundlichen Ordensfrauen der Madri Pie wenden. Nicht weit vom Petersplatz entfernt betreiben sie eine Residenza, die eine echte Alternative im ansonsten teuren Rom ist.

5

Zu Besuch im Vatikan – dem Reich von Benedikt XVI.

Besichtigen
Petersplatz (Roms größter Platz).
Peterskirche (die größte Kirche der Christenheit).
Campo Santo Teutonico (deutscher Friedhof).
Vatikanische Gärten (Roms gepflegtester Park, der aber in der Regel nicht zu besichtigen ist).
Peterskuppel (Roms schönste Aussicht).
Petrusgrab (antiker Friedhof unterhalb der Peterskirche, ist nur nach Voranmeldung zu besichtigen).
Vatikanische Museen (Roms größtes Museum).

4

Shoppen
Makasar, Via Plauto 33, 06-6874602 (Teestube).

Übernachten
**** *Hotel Columbus*, Via della Conciliazione 33, 06-6865435 (Schlafen im Renaissancepalast).
**** *Residenza Paolo VI.*, Via Paolo VI. 29, 06-68134108 (elegantes Hotel beim Petersplatz).
** *Residenza Madri Pie*, Via Alcide de Gasperi 4, 06-631967 (Schlafen im Kloster).

Essen und Trinken
Angeli a Borgo, Borgo Angelico 28, 06-6869674 (lokale Küche).
Taverna Angelica, Piazza Capponi 6, 06-6874514 (traditionelle Trattoria).
Velando, Borgo Vittorio 26, 06-68809955 (norditalienische Spezialitäten).
Benito e Gilberto, Via del Falco 19, 06-6867769 (Hausmannskost).
La Veranda, Borgo S. Spirito 73, 06-6872973 (Essen unter barocken Fresken).
Theobroma, Via del Borgo Pio 179, 06-68136224 (Weinbar).

ΑΣΚΛΗΠΙΩΙ · ΣΩΤΗΡΙ

Trendviertel

Im Stadtpark Villa Borghese.

Multikulturell und alternativ

Esquilino und San Lorenzo – zu Besuch im anderen Rom

Esquilino und San Lorenzo: wo Menschen aus aller Welt leben und wo sich vor allem junge Künstler niederlassen, wo Roms faszinierendstes Designhotel zum Spaziergang verlockt und wo man in Lokalen speisen kann, die nur von Einheimischen besucht werden.

Das ES.Hotel Radisson SAS wirkt wie ein Ufo, wie ein architektonischer Fremdkörper, der vom Himmel mitten in das volkstümliche Viertel Esquilino gefallen ist. Das Designhotel fasziniert durch seine stilistische Radikalität: blütenweiße Zimmer, mehrfarbige Beleuchtung und eine Eingangshalle, die schon für sich einen Besuch wert ist. Hotelgäste können, und das ist selten in Rom, auf dem Dach schwimmen. Gestylt sind auch die Drinks in der Bar Zest und das Panoramarestaurant Sette. Zeitgenössische römische Küche mit Blick auf die Dächer eines Viertels, in das sich nur sehr wenige Touristen verirren.

Das Esquilino ist in den letzten Jahren zu einem Viertel für chinesische Einwanderer geworden. Nirgendwo sonst in Rom gibt es so viele Ethno-Shops wie hier.

Das ES.Hotel bildet einen architektonisch sehr reizvollen Kontrast zu den leicht heruntergekommenen Gründerzeithäusern des Viertels und zu dem gigantischen Hauptbahnhof Stazione Termini, der ganz aus hellem Travertinstein errichtet wurde und durch seine architektonische Stromlinienförmigkeit sowie seine gigantische freischwebende Eingangshalle besticht.

Nicht weit vom Hauptbahnhof entfernt bietet das unter Touristen eher unbekannte Hotel Mediterraneo ein ungewöhnliches Ambiente. Errichtet und eingerichtet während des Faschismus faszinieren die Lobby, die Aufenthaltsräume, der Speisesaal und einige Gästezimmer mit Originalmöbel aus den dreißiger und vierziger Jahren. Von der kleinen Hotelterrasse mit Bar aus genießt man einen schönen Blick.

Ein Viertel der stilistischen Gegensätze. Da sind erst einmal traumhaft schöne Kirchen. Die Basilika S. Maria Maggiore, die wichtigste Marienkirche der katholischen Christenheit, besitzt einen Innenraum, der bereits in der Spätantike gebaut wurde. Die Mosaikbilder über den Säulen des Hauptschiffes stammen aus dem 5. Jahrhundert und das Apsismosaik ist ein Meisterwerk des 13. Jahrhunderts.

1 Die Gottesmutter Maria krönt S. Maria Maggiore. **2** Wenn es noch ruhig ist: Stazione Termini frühmorgens. **3** Barocke Statue in der Loggia der größten Marienkirche der katholischen Christenheit. **4** Antike Ruinen im Park auf der Piazza Vittorio Emanuele II.

1 Katholisches Gotteshaus auf antiken Ruinen: die Via S. Vito. **2** Piazza vor der Kirche S. Maria Maggiore. **3** Die Confessio unterhalb des Hauptaltars von S. Maria Maggiore. **4** Die Seitenkapellen sind so groß wie eine kleine Kirche. **5** Maria und ihr Sohn: eines der Portale der Marienbasilika.

Jede der Seitenkapellen verschlägt dem Besucher mit ihrer prächtigen Ausstattung den Atem. Intimer präsentiert sich dagegen S. Prassede, schräg gegenüber – ebenfalls eine spätantike Kirche mit äußerst wertvollen Mosaiken und Fresken. In einem kleinen Raum befindet sich jene Marmorsäule, an der Christus ausgepeitscht worden sein soll.

Zum Esquilino gehört auch der leider vernachlässigte Park Monte Esquilino, in dem sich grandiose antike Reste der Thermen von Kaiser Trajan aus dem Grün der Wiesen erheben. Sie stehen auf den Ruinen des Goldenen Hauses, das sich Kaiser Nero einst hier errichten ließ, und die von Besuchern heute unter der Erde besichtigt werden können.

Ganz in der Nähe befindet sich eine der Kultstätten der römischen Gay-Bewegung: Die Diskobar Hangar ist ein beliebter Treffpunkt von Homosexuellen aus aller Welt.

Altrömische Ruinen erheben sich direkt am Hauptbahnhof. Durch die kerzengerade Via Giovanni Giolitti erreicht man die beeindruckenden Reste eines Minervatempels und die Porta Maggiore, eines der am besten erhaltenen altrömischen Stadttore. Nicht weit entfernt liegt die Basilica di Porta Maggiore, ein unterirdischer Ort, der im 1. Jahrhundert möglicherweise als Kultstätte der neopytagoreischen Sekte diente und komplett erhalten ist.

Das Esquilino-Viertel ist kein Shoppingdorado, doch sind dort einige interessante Spezialgeschäfte beheimatet. Die Bäckerei Panella zum Beispiel. Dort findet man ein Superangebot von Brot sowie Backwaren, die nach antiken Rezepten zubereitet werden. Bei Regoli gibt es neben anderen Leckereien traumhaft gute *tartufi*, das sind Schokobällchen. Direkt gegenüber können Schnäppchenjäger im Billig-Supermarkt MAS Klamotten zu extrem niedrigen Preisen erstehen.

Typisch römische Gerichte werden in der hübschen Trattoria im Teatro Ambra Jovinelli gekocht. Die klassische mittelitalienische Küche findet man in der Trattoria Monti beim antiken Torbogen Arco di Galliano. Das mit Abstand beste Restaurant im Esquilino ist

3

4

5

»Agata e Romeo«, das elegant-rustikale Atmosphäre und Traditionsgerichte mit kreativem Einschlag bietet. Das beste Eis kommt im Palazzo del Freddo aufs Hörnchen. Eine urige Traditionseisdiele, in der sich sonntagnachmittags römische Familien einfinden.

Ein Tipp für die Sicherheit: Rom ist weitaus weniger gefährlich in Sachen Diebstahl als andere europäische Städte. In der Nähe des Bahnhofs und im Viertel Esquilino empfiehlt es sich aber, die Augen offen zu halten. Vor allem Drogenabhängige und Einwanderer ohne Ausweispapiere haben es oft auf besonders unvorsichtige Touristen abgesehen.

Vom benachbarten Viertel San Lorenzo ist das Esquilino durch das Schienenbündel der Stazione Termini getrennt. Um dorthin zu gelangen, nimmt man am besten ein Taxi. Architekturfreaks sollten die Città Universitaria besuchen, ein mit einer Mauer umstelltes Ministadtviertel, das die Universität La Sapienza beherbergt, komplett im faschistischen Stil errichtet und von Le Corbusier als vorbildliches Beispiel humaner Architektur gewürdigt.

Die Aula Magna der Universität La Sapienza wird auch als Konzerthalle genutzt. Viele internationale Musiker treten dort auf. Das Pro-

2

3

gramm reicht von barocker bis zeitgenössischer Musik. Um sich über das aktuelle Programm zu informieren, sollte man sich donnerstags die Tageszeitung »La Repubblica« kaufen. Sie verfügt an diesem Tag über eine Wochenbeilage, in der auf alle Veranstaltungen in der Hauptstadt hingewiesen wird.

San Lorenzo hat an Besichtigungswertem sonst nur die Basilika S. Lorenzo fuori le Mura zu bieten. Von der um 330 durch Kaiser Konstantin errichteten gewaltigen Basilika konnten nur wenige Stücke der Grundmauern ausgegraben werden. Die jetzige Kirche entstand der alten Basilika benachbart in ihrem östlichen Teil in den Jahren 579–590 über dem Grab des heiligen Laurentius und wurde im 12. Jahrhundert durch den westlich gelegenen romanischen Anbau erweitert. Direkt neben der Kirche befindet sich der größte Friedhof Roms.

San Lorenzo gilt als Trendviertel, als alternativ und quicklebendig. Bis spät in die Nacht stehen bei gutem Wetter junge Leute auf den Piazzen und vor den zahllosen Lokalen. Wie im Viertel Ostiense sind hier vergnügungssüchtige Römer unter sich. Rombesucher haben hier eine gute Möglichkeit Einheimische kennen zu lernen.

Wie im Esquilino so kommen auch in San Lorenzo vor allem schmale Geldbeutel auf ihre Kosten. In den Straßen beim Largo degli Osci finden sich preiswerte Pizzerien und Trattorien sowie kleine Modeläden und Kunstgalerien wie die Galleria Pino Casagrande, untergebracht in einer ehemaligen Nudelfabrik in der Via degli Ausoni. Bummeln mit vielen Entdeckungen wird garantiert. Neugierige Schokoladenfreunde sollten unbedingt die Fabbrica di Cioccolata Said dal 1923 in der Via Tiburtina besuchen. Mit Maschinen aus den zwanziger Jahren werden hier köstliche Kakaospezialitäten zubereitet.

Gut isst man im »Tram Tram« wie auch im »Il Dito e la Luna« und bei »Uno e Bino«. Diese Lokale verfügen außerdem über ausgezeichnete Weinkarten. Im »Arancia Blu«, einem vegetarischen Restaurant, liegen sogar 400 verschiedene Weine im Keller. Kreativ wandelt Enrico Pierri im »Vinarium« klassische Regionalgerichte ab. Rappelvoll ist die bekannte Pizzeria L' Economica. Der Name sagt es schon: Hier geht es billig zu, und trotzdem sind die Pizzen einfach fantastisch.

San Lorenzo ist wegen seines Nachtlebens in Rom ein Begriff. Alternatives Nachtleben. Hip sind die Schwulen- und Transvestitenfeste in der »Locanda Atlantide«. Bis zwei Uhr nachts wird Wein in der »Enoteca Ferrazza« ausgeschenkt. Mit über 1000 Etiketten ist diese Weinbar eine der bestsortierten Roms.

1 Wo auch antike Brotspeisen nachgebacken werden: Bäckerei Panella. **2** Kleidung ganz billig: Kaufhaus MAS bei der Piazza Vittorio Emanuele II. **3** Art déco pur: die Lobby des »Mediterraneo«. **4** Brotspäße bei Panella. **5** Frühstücken im Stil der dreißer Jahre: Hotel Mediterraneo.

Esquilino und San Lorenzo – das weniger bekannte Rom

Besichtigen
S. Maria Maggiore (die größte Marienkirche der gesamten Christenheit).
S. Lorenzo fuori le Mura (zwei Kirchen wurden zu einer zusammengebaut).
Stazione Termini (Hauptbahnhof).
S. Prassede (eine der ältesten Kirchen Roms).
Piazza V. Emanuele II (kleiner Park).
Galleria Pino Casagrande, Via degli Ausoni, 06-4463480 (Kunstgalerie).

Shoppen
Panella, Via Merulana 54, 06-4872344 (Roms bester Bäcker).
Regoli, Via delle Statuto 60, 06-4872812 (kleine Konditorei).
MAS, Via delle Statuto 11, 06-4469078 (Mode zu Superpreisen).
Fabbrica di Cioccolata Said dal 1923, Via Tiburtina 135, 06-4469204 (Schokoladenfabrik).

4

Übernachten
***** *ES.Hotel Radisson SAS*, 06-444841 (Roms interessantes Designhotel).
**** *Hotel Mediterraneo*, Via Cavour 15, 06-4884051 (Hotel im Stil der vierziger Jahre).
*** *AppARTamento,* Via Napoleone III 89.

Essen und Trinken
Arancia Blu, Via dei Latini 55, 06-4454105 (vegetarisch).
Agata e Romeo, Via Carlo Alberto 45, 06-4466115 (Gourmettempel).
Tram Tram, Via dei Reti 44- 96-490416 (einfache Küche).
Uno e Bino, Via degli Equi 58, 06-4460702 (Weinbar mit Küche).
Il Dito e la Luna, Via dei Sabelli 49, 06-4940726 (Weinbar mit Küche).
Palazzo del Freddo, Via Principe Eugenio 65, 06-4464740 (historischer Eisladen).
Ferrazza, Via dei Volsci 59, 06-490506 (Weinbar).
Trattoria Monti, Via S. Vito 13a, 06-4466573 (hübsches Lokal).
Sette di Radisson SAS, ES.Hotel, Via Filippo Turati 171, 06-44484731 (Designrestaurant).
Trattoria allo Jovinello, Via Guglielmo Pepe 39, 06-44340940 (gute Hausmannskost).
Vinarium, Via dei Volsci 103, 06-4462110 (Weinbar).
L'Economica, Via Tiburtina 44, 335-6181970 (preiswerte und gute Küche).

Ausgehen
Hangar, Via in Selci 69a, 06-4881397 (Disko).
Zest Bar im ES.Hotel, Via Filippo Turati 1, 06-444841 (Bar mit Panoramaterrasse).
Locanda Atlantide, Via dei Lucani 22/b, 06-44704540 (Disko mit wechselndem Programm).

2

3

4

Wo früher nur die armen Leute lebten …

Trastevere, ein Dorf für sich – inzwischen ganz schön »in«

Trastevere: wo es immer noch dörflich zugeht und sich das Leben in den kleinen Gassen rund um die Piazza S. Maria in Trastevere abspielt, wo eine Vielzahl von kleinen Geschäften, Cafés, Trattorien und traumhaften uralten Kirchen zum Besuch einladen.

An heißen Tagen gibt es nur wenige Orte in Rom, wo es so richtig angenehm und erfrischend ist. Einer dieser raren Orte ist die südliche Spitze der Isola Tiberina. Unter einem Baum sitzend kann man dort entspannt dem Rauschen des Tibers lauschen und die frische Luft genießen, die vom Fluss ausgeht. Im Sommer werden an den Ufern der Tiberinsel Filme unter freiem Himmel gezeigt. Es gibt Stände, an denen man etwas essen und trinken kann. Die Filme werden bis tief in die Nacht gezeigt und so kommen viele Römer, denn die typisch römische und recht unangenehme Nachtschwüle breitet sich hier nicht aus. Rund um die Uhr bleibt es hier frisch.

Vom ehemalig westlich des Marcellus-Theaters gelegenen Ghetto aus führt der Ponte Fabricio auf das Mini-Eiland im Tiber. Die Brücke stammt fast komplett aus dem Jahr 62 v. Chr. und ist damit die älteste Brücke Roms. Die Insel erinnert in ihrer Form an ein Schiff. Das bemerkten auch schon die alten Römer und bauten sie in Form einer Galeere aus. An der südlichen Spitze ist das an der Basis jener Gebäude noch gut zu erkennen, die sich heute auf den römischen Resten erheben. Dort, wo in der Antike der Gesundheitsgott Äskulap verehrt wurde, erhebt sich heute die Kirche S. Bartolomeo all' Isola – ein Geschenk des deutschen Kaisers Otto III. An die Präsenz des antiken Gottes erinnern auch das jüdische sowie das katholische Krankenhaus, die sich beide auf der Insel befinden.

Über den Ponte Cestio geht es nach Trastevere hinüber. In diesem Viertel wohnten in der Antike die einfachen Leute. Das blieb auch so bis in die späten sechziger Jahre des letzten Jahrhunderts. Damals wurde es schick, in Trastevere zu wohnen, schick und inzwischen auch teuer.

Das Viertel mit seinen kleinen Plätzen und schmalen Gassen lädt zum Bummeln ein. Im sympathischen und noch nicht von Touristen überlaufenen Lokal »Ostriche a Colazione« servieren Anna Silves-

1 Im Familienpark Villa Sciarra sind Touristen nur selten anzutreffen. **2** Schlaraffenland: Rivendita di Cioccolata. **3** Dörfliches Rom: Via della Paglia. **4** Abenddämmerung am Ponte Sisto mit der Peterskuppel.

1 In Rom gibt es über 300 Madonnenbildnisse: Via di S. Francesco. **2** Am schönsten morgens oder nachmittags: Blick auf Rom von der Passeggiata di Gianicolo. **3** Nur für Fußgänger: Ponte Sisto. **4** Welche Pizzen gibt es hier? Szene in der Via della Lungaretta. **5** Traditionskaffeebar in der schnurgeraden Via della Pelliccia.

tri und ihr Mann Mauro nicht nur Austern, sondern auch viele leckere Gerichte mit Fisch und Fleisch.

Vom Tiber aus lohnt ein Besuch in S. Cecilia in Trastevere. Die ausgedehnte Kloster- und Kirchenanlage stammt aus dem 5. Jahrhundert. Im Innern des Gotteshauses befindet sich ein sehr schöner Altaraufbau, das Ciborium des mittelalterlichen Meisters Arnolfo di Cambio. Stefano Maderno schuf 1600 die Marmorskulptur der heiligen Cäcilie. Besondere Aufmerksamkeit verdienen die Freskenfragmente des »Jüngsten Gerichts« von Pietro Cavallini, eines der beeindruckendsten Wandbilder des 13. Jahrhunderts in Rom. In der nahe gelegenen Kirche S. Maria dell' Orto gibt es ein für Rom seltenes Beispiel eines komplett erhaltenen Klosterinnenhofes aus dem 15. Jahrhundert.

Der Süden von Trastevere ist architektonisch nicht besonders interessant, doch findet dort jeden Sonntagvormittag an der Porta Portese Roms größter Trödelmarkt statt. Auch wenn viel Nepp

5

verkauft wird, kann man noch so manches Schnäppchen machen, vor allem in Sachen Kleidung und alter Kupferstiche. Ebenfalls im Süden des Stadtviertels liegt das Hotel Ripa, eines der schönsten Designhotels der Hauptstadt. Das Ambiente ist cool und minimalistisch, vor allem im dritten Stock. Das Riparte Café gilt als Trendyadresse für den späten Abend.
Liebhaber handgemachten Papiers bietet die Officina della Carta in der Via Benedetta ein reiches Angebot. In derselben Straße locken die Süßspeisen und Plätzchen von »I Dolci di Checco er Carettiere«, ein Traditionsgeschäft, wo man viele Einheimische trifft, sowie »Trilussa«, eine laute und lebhafte Bierkneipe, in der man auch ein Häppchen essen kann, ein guter Ort, um Römer kennen zu lernen. Zum Essen empfiehlt sich »Dar Cordaro« an der Piazzale Portuense. Giuliana Dori kocht in ihrer traditionellen Trattoria kräftige Hausmannskost.
Von der Via della Lungaretta aus, wo man im »Rome Store« noch individuell kreierte Parfüms erwerben kann und die »Enoteca Trastevere« von Maria Antonietta Di Mattia eine der bestsortiertesten Weinbars von Trastevere ist, sollte man, vorbei an S. Crisogono, einer schönen romanisch-gotischen Kirche, die Via dei Fienaroli besuchen. Die Libreria del cinema ist ein Mekka für jeden Kinoliebhaber.
Die Piazza S. Maria in Trastevere ist das Herz des Viertels. Die Kirche S. Maria in Trastevere stammt aus der Zeit der Frühkirche. Sie macht der Kirche S. Maria Maggiore den Titel der ältesten Marienkirche der katholischen Christenheit streitig. Errichtet schon um 340, erhält sie ihre heutige Form im 12. Jahrhundert. Mit ihrer zum Teil spätantiken Bausubstanz und dem herrlichen Apsismosaik von 1140, erweitert im Jahr 1291 von Pietro Cavallini sowie der hochverehrten Madonna della Clemenza aus dem 7. Jahrhundert gehört sie zu den schönsten Sakralbauten Roms. Die Granitsäulen des Mittelschiffs verdienen besondere Aufmerksamkeit: Sie wurden in der Spätantike aus den Caracallathermen hierher transportiert und kurzerhand dem neuen Standort angepasst.
An und bei der Piazza S. Maria in Trastevere finden sich neben hübschen Cafés zum Verweilen und zum Leutegucken zahlreiche interessante Geschäfte. »Blu Cachemire« ist ein auf Kaschmirkleidung spezialisierter Laden in der Via San Francesco a Ripa. Einige Häuser weiter verführen im »Dolce di Notte« bis tief in die Nacht hinein, als Stärkung bevor es in die In-Disko Big Mama geht, die in dersel-

2

3

1 Einer der beliebtesten Treffpunkte Roms: Piazza S. Maria in Trastevere. **2** Gebete und Fürbitten in Stein: Viale di Trastevere. **3** Spätantike Säulen und ein Fußboden aus buntem Marmor: S. Maria in Trastevere. **4** Apsismosaik aus dem 12. Jahrhundert. **5** Wappen über einem aristokratischen Grab. **6** Rettung an heißen Tagen: Trinkwasserbrunnen auf dem Gianicolohügel.

ben Straße zu finden ist, ofenfrische und mit Marmelade oder Schokolade gefüllte Cornettihörnchen zu einer Naschpause. Persönlich zugeschnittene Kleidung gibt es im Capitolo primo und Caroline von Monaco gehört zu den Kunden der Boutique La Scala Quattordici.

Bei der Piazza Trilussa, die ein beliebter Treffpunkt junger Leute ist, werden im »Ferrara« jüdisch-römische Spezialitäten gekocht. Der Weinkeller des Lokals ist ausgezeichnet und im Ferrara Store gibt es Soßen und Marmeladen und andere Hausmannskost zum Mitnehmen. An der Piazza Trilussa lockt an heißen Abenden der Garten des indischen Restaurants Surya Mahal, eines der besten seiner Art in Rom.

Seit 1921 produziert und verkauft die Antica Cappelleria Hüte und Kappen. Ledersachen vom Geldbeutel bis zum Großkoffer gibt es in der Pelletteria Artigianale. Seit 1833 versorgt die Enoteca Bernabei die Bewohner von Trastevere mit Wein und eine reiche Brotauswahl gibt es bei Valzani in der Via del Moro. Wer Reproduktionen antiker Mosaiken sucht, findet sie in den Ateliers von »Arte del Mosaico«. Die »Rivendita di Cioccolata e Vino« kredenzt Wein und bietet dazu eine Verkostung selbst gemachter Pralinen.

Ganz in der Nähe von der Piazza S. Maria gibt es im Dreisternehotel Santa Maria rustikal-gemütliches Ambiente und viel Ruhe. Das Hotel ist in einem ehemaligen Kloster untergebracht, das im Jahr 2000 von Grund auf renoviert worden ist. Simona Orlandi bietet in einem Palazzo aus dem 17. Jahrhundert gemütliche Zimmer in ihrer Villa della Fonte. Die nur fünf Zimmer große Herberge bietet privates Ambiente und allen Komfort.

Südlich von der Piazza S. Maria liegt an der Piazza S. Cosimato das Spitzenrestaurant Alberto Sciarla, wo in klassisch-elegantem Ambiente traditionelle Gerichte zubereitet werden. Besonders empfehlenswert: die Fischgerichte. Nicht weit entfernt geht es billiger und zünftiger zu. Beim Dar Poeta kommen aus dem Holzkohlenofen leckere Pizzen. Das Lokal ist abends rappelvoll.

Ein hübscher Platz ist die Piazza S. Egidio mit dem römischen Stadtmuseum, in dem oft Fotoausstellungen gezeigt werden. Am Platz

4

5

6

erhebt sich die Kirche S. Egidio, die das Zentrum der inzwischen in ganz Europa tätigen katholischen Laienorganisation des heiligen Ägidius ist. Ein hübsches Lokal am Platz ist die Trattoria degli amici. Hier geht es volkstümlich zu. Serviert werden zu akzeptablen Preisen einfache, aber leckere Gerichte.

Die Via della Lungara führt schnurstracks Richtung Vatikan. Sie wurde von Papst Julius II., einem der wichtigsten Baumeister des barocken Rom, errichtet. Das Projekt für diese Straße stammt von Starbaumeister Bramante. Der Weg führt durch die Porta Settimiana, die durch die Aurelianische Stadtmauer geschlagen wurde, zum Palazzo Corsini. In diesem Barockpalast lebte eine Zeit lang die schwedische Königin Christine, die heimlich zum Katholizismus konvertierte und im 17. Jahrhundert in Rom residierte.

Die im Palazzo untergebrachte Galleria Nazionale d'Arte Antica zeigte eine der letzten noch komplett erhaltenen privaten Gemäldesammlungen Roms. Sie wurde Mitte des 18. Jahrhunderts von Kardinal Neri Corsini begonnen und umfasst Werke von Beato Angelico, Jacopo Bassano, Anthonis van Dyck und anderen Meistern der europäischen Malerei. Wer lieber zeitgenössische Kunst mag, sollte die Galerie von Lorcan O'Neil in der kleinen Via degli

1

2

3

Orti d' Aliberti aufsuchen. Sie gilt als eine der interessantesten Roms. Nicht weit entfernt bietet »Suite« elegant-coole Bar-Atmosphäre bis tief in die Nacht hinein.

Schräg gegenüber des Palazzo Corsini liegt in einem kleinen Park die Villa Farnesina, ein Architekturjuwel der besonderen Art. Die Villa ist eines der schönsten Renaissancegebäude ganz Mittelitaliens. Errichtet Anfang des 16. Jahrhunderts von Baldassarre Peruzzi für den Bankier Agostino Chigi ging sie 1580 in den Besitz der Familie Farnese über. Die Loggia soll angeblich ein Werk Raffaels sein. Sicher ist hingegen, dass die Fresken im Innern zu weiten Teilen von Raffael stammen und zu den schönsten Werken gehören, die dieser in Rom schuf. An der Ausschmückung der Villa Farnesina waren auch Sebastiano del Piombo, Sodoma und Domenico Beccafumi beteiligt.

Hinter dem Stadtviertel Rione Trastevere erhebt sich wie ein grüner Gürtel der Hügel Gianicolo, der von überall aus in Rom zu sehen ist. Der Aufstieg zum Gianicolo führt vorbei an S. Pietro in Montorio. Die Kirche besticht durch eine Geißelung Christi von Sebastiano del Piombo und durch einen reizenden Minitempel im Innenhof. Der sogenannte Tempietto ist ein Werk von Bramante. Er erhebt sich an jenem Ort, an dem einer frommen Legende zufolge der Apostel Petrus gekreuzigt worden sein soll. Nicht weit entfernt werden original sizilianische Spezialitäten im gemütlichen Lokal Sicilia al Tappo serviert. Bei guten Wetter sitzt man auch draußen.

Weiter geht es zu einem der prächtigsten Brunnen Roms. Die Fontana dell' Acqua Paola wurde Anfang des 17. Jahrhunderts im Auftrag von Papst Paul V. errichtet. Auf dem Gianicolo steht die Villa Lante auf den Resten einer Villa des antiken Dichters Martial. Sie ist ein Entwurf des eigentlich nur als Barockmaler bekannten Giulio Romano.

Der Gianicolo empfiehlt sich für einen Spaziergang an einem späten Nachmittag, um von einer der Aussichtsterrassen aus die Stadt zu beobachten, deren Dächer und Kuppeln golden leuchten, wenn im Rücken des Hügels die Sonne untergeht. Das Panorama, das sich dem Besucher hier bietet, ist das vielleicht umfassendste des historischen Zentrums von Rom. Kurios: Pünktlich zum Sonnenuntergang finden sich zahllose Liebespärchen ein, die, dicht nebeneinander stehend, mit Blick auf Rom Küsse und andere Zärtlichkeiten austauschen und sich von den verwunderten Touristen kein bisschen stören lassen.

1 Ladies Blues Night in der Diskothek Big Mama. **2** Tempus fugit: Sand- und Sonnenuhren sowie Globen für daheim und Daheimgebliebene: das Ambiente- und Souvenirgeschäft »Polvere di Tempo«. **3** Organische Formensprache im gestylten Ripa Hotel. **4** Einfach, aber ruhig gelegen: Zimmer im Hotel Santa Maria.

Trastevere – ein Dorf für sich

Besichtigen

Via della Lungara (historische Straße). – *Villa Farnesina* (Renaissancevilla mit Fresken). – *Palazzo Corsini* (Barockpalast mit Gemäldesammlung). – *S. Maria in Trastevere* (eine der ältesten Kirchen Roms). – *S. Crisogono* (romanisch-gotische Kirche). – *Gianicolohügel* (Aussichtsterrassen). – *Galleria Lorcan O' Neill*, Via degli Orti d' Aliberti 1e, 06-68892980 (zeitgenössische Kunst). – *Fontana dell´Acqua Paola* (Barockbrunnen). *S. Pietro in Montorio* (runde Barockkirche). *S.Cecilia* (mittelalterliche Kirche mit Fresken).

Shoppen

Porta Portese, von Via Portuense bis Via Ettore Rolli (Trödelmarkt). – *Blu Cachemire*, Via di San Francesco a Ripa 17 b, 06-5885666 (Kaschmirgeschäft). – *La Scala Quattordici*, Via della Scala 14, 06-5883580 (Kleidung). – *Antica Cappelleria*, Viale di Trastevere 109, 06-58333206 (Hutladen). – *Pelletteria Artigianale*, Via della Lungaretta 98-99, 06-5803739 (Lederwaren). – *Rome Store*, Via della Lungaretta 63, 06-5818789 (Parfüms).– *Arte del Mosaico*, Vicolo del Cinque 30a, 06-5814797 (Mosaikkunst). – *Officina della carta*, Via Benedetta 26b, 06-5895557 (handgemachtes Papier). – *Enoteca Bernabei*, Via di San Francesco a Ripa 48, 06-5812818 (Wein). – *Valzani*, Via del Moro 37a/b, 06-58303792 (Bäckerei). *Rivendita di Cioccolata e Vino*, Vicolo del Cinque 11a, 06-58301968 (Chocolatier). – *Libreria del Cinema*, Via dei Fienaroli, 06-5817724 (Filmbuchladen). – *I Dolci di Checco er Carettiere*, Via Benedetta 7, 06-5811413 (Konditorei, Bäckerei). *Ferrara Store*, Via del Moro 3, 06-58333920 (Delikatessen)

Übernachten

*** *Santa Maria*, Vicolo del Piede 2, 06-5894626, 5895474 (ruhig). *** *Villa della Fonte*, Via della Fonte d' Olio 8, 06-5803797 (komfortabel). **** *Ripa Hotel*, Via degli Orti di Trastevere 1, 06-58611 (Designhotel). **** *Ripa All Suite Hotel*, Via degli Orti di Trastevere 1, 06-58611 (Designhotel).

Essen und Trinken

Alberto Ciarla, Piazza San Cosimato 40, 06-5818668 (traditionelle römische Küche).
Enoteca Ferrara, Piazza Trilussa 41, 06-58333920 (Weinbar mit Küche).
Trattoria degli amici, Piazza S. Egidio 5, 06-5806033 (gut!).
Dar Poeta, Vicolo del Bologna 45, 06-5880516 (Essen mit viel Lokalkolorit).
Dar Cordaro, Piazzale Portuense 4, 06-5836751 (Hausmannskost).
Dolce di Notte, Via di San Francesco a Ripa 1, kein Telefon.
Ostriche a Colazione, Via dei Vascellari 21, 06-5898896 (Fisch und Meerestiere).
Surya Mahal, Piazza Trilussa 50, 06-5894554 (indisches Gartenrestaurant).
Sicilia al Tappo, Via Giuseppe Garibaldi 68, 06-58335490 (ausgezeichnete sizilianische Küche).
Enoteca Trastevere, Via della Lungaretta 86, 06-5885659 (Weinbar).

Nachtleben

Big Mama, Vicolo San Francesco 18, 06-5812551 (Disko).
Suite, Via degli Orti di Trastevere 7, 06-5861888 (Nightclub).
Riparte Café, Via degli Orti di Trastevere 7, 06-5861816 (Bar).

1

2

3

4

Zweitausend Jahre Kirchengeschichte

Das Kirchenviertel um S. Giovanni und S. Croce

S. Giovanni und S. Croce in Gerusalemme: wo Kirchen übereinander gebaut wurden und sich die Treppe des Pontius Pilatus befindet, wo die Kreuzesreliquien aufbewahrt werden und wo Shoppingliebhaber auf ihre Kosten kommen.

Drei religiöse Kultstätten übereinander. Wo außer in Rom gibt es das schon! S. Clemente ist eines der ungewöhnlichsten Gotteshäuser der italienischen Hauptstadt. Nicht weit vom Kolosseum entfernt geht es hier über enge Treppen tief in die Religionsgeschichte hinab. 18 Meter tief, bis zum Bodenniveau der antiken Weltstadt. S. Clemente ist ein gutes Beispiel dafür, wie man in Rom Vorgängerbauten zum Errichten neuer Gebäude nutzte. Eins wurde auf das andere gesetzt und das Bodenniveau stieg somit ständig an.

Auf den Resten eines Wohngebäudes des frühen 1. Jahrhunderts entstand im folgenden Jahrhundert ein mehrgeschossiges Wohnhaus, dessen Innenhof später zu einem Mithrasheiligtum umgebaut wurde. Ende des 4. Jahrhunderts wurde auf dem Mauerwerk die erste Kirche zu Ehren des heiligen Clemens errichtet – die heutige Unterkirche – und, 1084 durch die Normannen zerstört, Anfang des 12. Jahrhunderts von Papst Paschalis II. durch die heutige Oberkirche ersetzt.

Die Oberkirche verfügt über mächtige antike Säulen und einen Marmormosaikfußboden. Die Apsis ist mit einem sehr schönen Mosaik aus dem 12. Jahrhundert geschmückt. Die Glaswürfel dieses Mosaiks sind absichtlich nicht ganz eben versetzt worden, was den Effekt des Schimmerns und Glänzens erheblich steigert. Eine im Mittelalter gängige Praxis. Renaissancemeister malten die Cappella di S. Caterina aus. Die Unterkirche aus dem 4. Jahrhundert ist über einige Stufen zu erreichen. Hier sind noch romanische Wandbilder zu erkennen. Über eine weitere Treppe geht es noch tiefer ins Erdreich, wo sich das vorchristliche Mithräum befindet. Im 2. Jahrhundert wurden in einem mit einer gewölbten Decke ausgestatteten Raum, der über steinerne Sitzbänke verfügt, Ritualmahlzeiten zu Ehren des Sonnengottes Mithras eingenommen.

Von S. Clemente aus können Kunstliebhaber einen Kirchenspaziergang unternehmen, wie er nur in Rom möglich ist. Zwischen dem

1 Meterhohe Skulpturen auf der Fassade der Johannesbasilika.
2 Erfrischendes Nass auf der riesigen Piazza S. Giovanni in Laterano.
3 Deckenmosaik in der Pilgerkirche S. Croce in Gerusalemme.
4 Ruheoase am Verkehrsknotenpunkt Re di Roma.

2

3

1 Mittelalterliches Apsismosaik in S. Giovanni. 2 Renaissancegrabmal in S. Clemente. 3 Madonnenbild mit zwei Stifterfiguren. 4 Romanische Architektur mit barockem Dach: S. Clemente. 5 Eingang in das antike Rom: die Porta Maggiore. 6 Fast komplett erhalten: die Aurelianische Stadtmauer.

Kolosseum und der Porta Maggiore erheben sich einige der interessantesten Gotteshäuser der Ewigen Stadt.

Ss. Quattro Coronati ist vier römischen Soldaten gewidmet. Severeo, Severiano, Carpoforo und Vittorino starben als Märtyrer. Als Christen hatten sie sich geweigert eine Äskulap-Statue anzubeten. Zum Bau dieser großen Kirche wurde ein heidnisches Hallengebäude benutzt. Im spätenantiken Rom gab es genügend Großbauten, die von der jungen Staatskirche für ihre Zwecke umgebaut wurden.

Das Kircheninnere erinnert an eine antike Basilika. Die römischen Säulen tragen eine hölzerne Kassettendecke. Der Kreuzgang, dessen Wände mit antiken und frühchristlichen Inschriften geschmückt sind, stammt aus dem 13. Jahrhundert und ist wahrscheinlich der erste Roms. Sicher ist er aber einer der stimmungsvollsten!

Die gewaltige Apsis der Kirche ist von einigen Zimmern und Terrassen des Hotels Capo d'Africa aus gut zu sehen. Das neue und elegante Hotel besticht durch ein dezentes Design. Viel Holz verleiht den Salons und Zimmern eine warme Atmosphäre. Kunst findet sich überall, dominiert aber nicht das Ambiente. Besonders schön: die Dachsuiten mit Blick auf die Apsis von Ss. Quattro Coronati und auf das Kolosseum. Auf Wunsch wird das Frühstück auf der Terrasse serviert. Tipp für Sportliebende: im Keller gibt es eine kleine »Palestra«, wie man im Italienischen einen Sportclub mit Trainingsgeräten nennt.

Die Straßen zwischen dem Kolosseum und der Kirche Ss. Quattro Coronati gelten in Rom als »Village« und werden von vielen Homosexuellen frequentiert. Es gibt zahlreiche Bars wie das »Coming Out« und andere Lokale, die vor allem von Gays besucht werden und als internationale Treffpunkte gelten. Gut essen kann man nur in wenigen Restaurants.

Das »Crab« wurde vom Designer Terry Vaina gestylt. Das Lokal ist in einem ehemaligen Kaufhaus untergebracht. Fabio Piccottini hat sich auf Meeresfrüchte spezialisiert. Alles ist fangfrisch, aber nicht gerade preiswert. Gianni Rossi und sein Sozius Paolo Miglini haben aus einer heruntergekommenen Trattoria ein hübsches Lokal gemacht. Im »Pagacio« servieren sie neben Austern ausgezeich-

nete Fisch- und Fleischgerichte. Durch ein ungewöhnlich gutes Preis-Leistungs-Verhältnis besticht »Le Naumachie«. Alfredo Micheli bringt frischen Büffelmozzarella aus Kampanien auf den Tisch und Hausmannskost nach Rezepten seiner Oma Candida.

Über die Piazza Celimontana geht es zu einem der interessantesten Baukomplexe Roms. Die Via S. Paolo della Croce ist von mehreren antiken Bögen überspannt. Kurz vor Einbruch der Dunkelheit wirkt diese Straße sehr suggestiv. Sie führt zu den beiden Barockkirchen S. Gregorio Magno und Ss. Giovanni e Paolo. Letzte besitzt einen mit Keramiken geschmückten romanischen Glockenturm. Unter dem Kirchenschiff ist eine Serie von antiken Räumlichkeiten aus dem 2. Jahrhundert zu besichtigen, die von Frühchristen für ihre Kulte genutzt wurden.

Die Via della Navicella hat ihren Namen von einem kuriosen antiken Marmorschiffchen, das jetzt als Brunnen dient und vor der Kirche S. Maria in Domnica steht. Hier befand sich einer der ersten christlichen Kultorte Roms. Schön ist die Kassettendecke von 1566. Die Apsismosaiken stammen aus der Zeit von Papst Paschalis I. Unweit liegt S. Stefano Rotondo, die älteste Rundkirche Roms aus dem 5. Jahrhundert. In ihrem Innern bilden 22 antike Säulen einen

1 Wandfresken im Klosterhof von Ss. Andrea e Gregorio al Celio. **2** Raffinierter Marmorfußboden: Ss. Giovanni e Paolo. **3 und 4** S. Croce in Gerusalemme, die von Kaiserin Helena gegründet wurde und aus einer antiken Kaiservilla entstand: Deckenmosaik und das prächtige Langhaus. **5** Steht auf antiken Ruinen: Ss. Andrea e Gregorio al Celio.

Kreis. Der ursprüngliche äußere Umgang der Kirche fiel einer Renovierung um 1450 zum Opfer. Die 34 Säulen, die die beiden Umgänge trennten, sind in der heutigen Außenwand sichtbar. Der Innenraum von S. Stefano Rotondo ist mit Fresken von Tempesta und Pomarancio ausgeschmückt worden.

Zurück in die Via dei Santi Quattro Coronati geht die Straße schnurgerade auf einen der architektonisch perfektesten Plätze Roms. Die Piazza S. Giovanni in Laterano bietet verschiedene Gebäude, für deren Besichtigung man sich Zeit nehmen sollte.

S. Giovanni in Laterano ist die älteste Papstkirche und die eigentliche Kathedrale des Bischofs von Rom. Hier residierten die Pontifexe bis sie 1309 ins Exil nach Avignon gingen. Als sie 1377 wieder an den Tiber zurückkehrten, befand sich der große Palast in einem desolaten Zustand. Fortan residierten die Päpste im Vatikan.

Im 1. Jahrhundert lebte auf dem Areal der Kirche die reiche Familie der Laterani, die unter Nero aus politischen Gründen enteignet wurde, doch diesem Teil des Caelius bis heute seinen Namen gab. Kaiser Konstantin schenkte ihr Anwesen den Päpsten, die hier ihr religiöses und administratives Zentrum errichteten. Der Kaiser war daran interessiert, die Päpste hier, außerhalb des Zentrums, anzusiedeln, weil er die noch heidnischen und politisch einflussreichen Familien Roms mit einem Papst in ihrer Nachbarschaft nicht vor den Kopf stoßen wollte.

Unter der barocken Ummantelung der Johannesbasilika blieb die alte konstantinische Basilika weitgehend erhalten. Ihre heutige Fassade erhielt die Kirche 1736. Sie erinnert an einen Triumphbogen und wirkt durch den vorgelagerten Platz noch größer als sie tatsächlich ist. Auf der Balustrade erheben sich sieben Meter hohe Heiligenfiguren, die selbst noch von der Kuppel des Petersdoms gut zu erkennen sind.

Das Innere von Sankt Johannes verschlängt vielen Besuchern den Atem. Die riesige Hallenkirche mit einer Holzdecke des 16. Jahrhunderts verfügt über ein gewaltiges Hauptschiff. Francesco Borromini gestaltete den Raum anlässlich des Heiligen Jahres 1650 völlig neu. Die Seitenschiffe riegelte er durch Säulen- und Skulpturenkomplexe ab. Beim Hauptaltar wird ein Holztisch aufbewahrt, der einer Legende zufolge von Petrus während seiner Gottesdienste benutzt worden sein soll.

Herrlich ist das Querschiff. Giovanni Ghini schuf die Grabplatte für Papst Martin V., der dafür gesorgt hatte, dass sich die Päpste wieder in Rom niederließen. Die Dekorationen des Querschiffes stammen von Giacomo della Porta und die Fresken von Cavaliere d'Arpino. Das frühchristliche Apsismosaik, im 13. Jahrhundert restauriert, wurde 1884 bis 1886 in den neuen vergrößerten Chor umgesetzt. Der Kreuzgang, aus dem 13. Jahrhundert gehört zu den Hauptwerken der Cosmatenkunst.

Im Lateranpalast ist das Museo Storico Vaticano untergebracht, ein Museum zur Geschichte der Päpste, ein unbegreiflicherweise wenig besuchtes Museum, denn neben zahlreichen Gemälden, päpstlichen Kleidungsstücken, den Sänften der Päpste sowie Uniformen sind prunkvolle Repräsentationsräume aus dem 17. und 18. Jahrhundert zu besichtigen.

Gegenüber der Hauptfassade der Johannesbasilika ist in einem barocken Gebäude die Scala Santa untergebracht, die heilige Treppe, eine der kurioseren Reliquien der katholischen Kirche. Helena, die Mutter von Konstantin dem Großen, soll diese Marmortreppe aus Jerusalem mit nach Rom gebracht haben. Auf ihr soll Christus zu Pontius Pilatus in dessen Palast hinaufgestiegen sein. Dabei, so die fromme Legende, tropfte Blut von seinem mit der Dornenkrone bedeckten Haupt auf einige Stufen. Durch Glasfensterchen in den mit Holz bedeckten Stufen sind dunkle Flecken zu erkennen, die das Blut Christi sein sollen. Gläubige rutschen in der Regel knieend und betende die Treppe hinauf. Bis zur Cappella Sancta Sanctorum, der einstigen Privatkapelle der Päpste.

Der Name bezieht sich auf die zahlreichen hochverehrten Reliquien, die hier aufbewahrt werden. Auf den einzelnen Altarschränken steht geschrieben »Es gibt keinen heiligeren Ort auf der Welt«. Der vielleicht wertvollste Reliquienschatz der Kapelle ist eine Ikone, die als ein nicht von Menschenhand gemaltes Bild verehrt wird.

Zur Basilika gehört auch das Baptisterium S. Giovanni in Fonte aus der Zeit Konstantin des Großen. Vermutlich erhebt sich diese achteckige und mehrstöckige spätantike Taufkapelle auf den Resten eines altrömischen Nymphäums, das zum Palast der Familie Laterani gehörte. Erhalten blieben prachtvolle Mosaiken aus dem 5. bis 7. Jahrhundert.

Mitten auf der Piazza di S. Giovanni in Laterano erhebt sich ein 3500 Jahre alter Obelisk. Mit seinen 32 Metern ist er der höchste Obelisk in Rom. Kaiser Constantinus II. ließ ihn 357 aus dem ägyptischen Theben nach Rom bringen und im Circus Maximus aufstellen. Von dort wurde er im Jahr 1588 unter Papst Sixtus V. an seinen jetzigen Standort umgesetzt.

1 Gotischer Hochaltar in barockem Gehäuse: die Lateranbasilika. **2** Wo einst die Päpste residierten, bevor sie in den Vatikan umzogen: Lateranpalast und -basilika. **3** Marmornes Papstwappen im Fußboden der Loggia. **4** Haupteingang in die Lateranbasilika. **5** Skulpturenreliefs in der Loggia. **6** Ein mittelalterliches Mauerfragment mit Mosaik, eingebaut im Speisezimmer von Papst Leo III., dem »Triclinio Leoniano«.

In der Nähe der Piazza S. Giovanni in Laterano finden sich viele Touristenlokale. Sie sollte man links liegen lassen. Ausgezeichnet isst man hingegen in »Charly's Sauciere«. Die Küche richtet sich an Rezepten aus der französischen Schweiz aus. Hervorragend schmecken die Fondues! Spezialitäten der nordostitalienischen Region Friaul serviert Lanfranco Toniutti im »Il Tajut«. Ausgezeichnet ist auch die reiche Auswahl an Wurstwaren und Käse aus dem Norden. Unweit dieser beiden Gourmetadressen bietet die Traditionsbäckerei »Piastra dal 1895« Brotkuriositäten aus ganz Italien. Wie das Pane di Altamura aus der Basilikata oder das knusprige Brot aus Frascati. Wer sizilianische Süßspeisen probieren will, der sollte bei »L'Arte di Sicilia« vorbeischauen: Es gibt eine Crema Chantilly mit 15 Geschmacksrichtungen, das sehr süße sizilianische Marzipan und kandierte Früchte in reicher Auswahl.

Die Johannesbasilika erhebt sich neben der altrömischen Stadtmauer. Durch die Porta S. Giovanni geht es in die Via Appia Nuova. Eine Shoppingmeile. Nicht hübsch, aber mit einigen interessanten Geschäften. Das Kaufhaus Coin bietet Mode und Einrichtungsgegenstände zu akzeptablen Preisen.

4

5

6

Trendige Mode gibt es bei Indiana und der Signore, der den klassischen Look liebt, wird sich bei Sartor wohl fühlen. Tersicore hingegen ist ein Laden für junge Leute, die mit Farben spielen wollen. Extravagante Mode von Michiko Koshino und anderen Designern hat Viamonaco.

Das Viertel San Giovanni besteht aus eher hässlichen Wohnblöcken. Doch in puncto Essen und Naschen gibt es einiges zu entdecken. »Er Chioschetto« produziert das typisch römische Grattachecca-Eis. Das ist von einem gefrorenen Wasserblock abgeriebenes Eis mit Sirup. Eine reiche Weinauswahl mit leckeren Hausmannsgerichten gibt es in der Taberna Regina. Eine echt volkstümliche Pizzeria, wie sie selbst in Rom selten geworden ist und wo man garantiert auf keine Touristen stößt, ist das »Cocco«. Besonders zu empfehlen ist dort die in Rom berühmte Pizza al Basilico! Zu Stärkung empfiehlt sich selbst gemachtes Eis bei Petrini dal 1926. Der Name sagt es bereits: Eis hat hier eine lange Familientradition. Das Schokoladeneis ist traumhaft. Das vielleicht beste Tiramisu Roms wird bei »Pompi« serviert. Es hat eine Schoko- oder eine Fruchtbasis und ist stets frisch. Originell ist die Kneipe Latte più: serviert werden fast ausschließlich Milchmixgetränke.
Nicht weit entfernt von S. Giovanni und der Via Appia Nuova erhebt sich eine weitere wichtige Basilika. S. Croce in Gerusalemme. Die beschwingte Barockfassade stammt aus der Mitte des 18. Jahrhunderts.

1–2 Modern gestaltet mit angenehmer Atmosphäre: Lobby und Zimmer des Hotels Capo d' Africa. **3** Im Latte più, Roms Milchbar Nummer eins. Hier dreht sich alles um die Milch, die auch als Basis für verschiedene alkoholische Cocktails dient. **4** Feuerwerk beim Stadtteilfest von S. Giovanni. **5** Nur ein Ausschnitt aus dem Angebot der Bar im Capo d' Africa.

Die Basilika erhebt sich auf den Resten des ehemaligen Palastes der Kaiserin Helena. Nach ihrem Tod ließ ihr Sohn Konstantin einen großen Saal der weitläufigen Palastanlage zu einem Gotteshaus umbauen, denn 313 hatte er das Christentum zur Staatsreligion ernannt. S. Croce in Gerusalemme hat für gläubige Katholiken vor allem deshalb eine so große Bedeutung, weil in einer Seitenkapelle des Hauptschiffes kostbare Reliquien untergebracht sind, die Helena von ihrer Reise ins gelobte Land mitgebracht hatte. Darunter jene Reliquien, die der Kirche ihre Namen gaben: Dornen aus der Krone Christi.

Die Kirche ist heute Teil einer mittelalterlichen Klosteranlage, auf deren Gelände auch ein antikes Amphitheater steht. Wo sich heute der erst vor kurzem restaurierte Klostergarten befindet, kämpften im Römischen Reich furchtlose Gladiatoren gegeneinander. Das Kloster bietet ruheliebenden Romtouristen in der »Domus Sessariana« Unterkunft. In komfortablen Gästezimmern mit Stuckdecken und einem herrlichen Blick in den Klostergarten und auf römisches Mauerwerk.

Neben der Kirche und dem Kloster ist in einem eher unscheinbaren Gebäude eines der interessantesten, aber auch gleichzeitig eines der unbekanntesten Museen Roms untergebracht. Das Museo degli Strumenti Musicali bietet eine der weltweit umfassendsten Sammlungen von Musikinstrumenten aus aller Welt. Die außergewöhnliche Kollektion von über 3000 Exponaten verfügt sogar über Originalinstrumente aus der Zeit der Etrusker und Römer! Ein Schatz von großem Wert, der allerdings in einem traurigen Zustand präsentiert wird. Musikliebhaber kommen dennoch auf ihre Kosten, denn eine Sammlung von diesem Umfang findet man nur selten.

San Giovanni – das Viertel der Kirchen

Besichtigen

San Clemente (verschiedene Gotteshäuser übereinander).
Ss. Quattro Coronati (architektonisch interessante Kirche).
Scala Santa (die heilige Treppe aus Jerusalem).
S. Giovanni in Laterano (die wichtigste Kirche nach dem Petersdom).
Battistero S. Giovanni in Fonte (frühchristliche Taufkirche).
Museo degli Strumenti Musicali (Nationales Instrumentenmuseum).
S. Stefano Rotondo (frühchristliche Rundkirche).
Ss. Giovanni e Paolo (romanische Kirche, barockisiert).
S. Gregorio Magno (romanische Kirche, barockisiert).
S. Croce in Gerusalemme (Pilgerkirche mit Kreuzesreliquien).
S. Maria in Domnica (frühchristliche Kirche).

Shoppen

Indiana, Via Appia Nuova 69, 06-70494731 (Trend-Mode).
Coin, Piazzale Appio 7, 06-7080020 (Modesupermarkt).
Sartor, Via Appia Nuova 106, 06-70494756 (klassische Mode).
Tersicore, Via Appia Nuova 111, 06-77205203 (junge Mode).
Viamonaco, V. A. Nuova 232, 06-70450596 (Designermode).

5

Übernachten

**** *Hotel Capo d' Africa*, Via Capo d'Africa 54, 06-772801 (gediegenes Designhotel).
*** *Domus Sessariana*, Piazza di S. Croce in Gerusalemme 10, 06-706151 (elegantes Schlafen im Kloster).

Essen und Trinken

Pompi, Via Albalonga 9, 06-7000418 (Konditorei).
Petrini dal 1926, Piazza dell'Alberone 16/a, 06-786307 (guter Eisladen).
Er Chioschetto, Via Magna Grecia, kein Telefon (Eisstand).
Charly's Sauciere, Via di San Giovanni in Laterano 270, 06-70495666 (französische Küche).
Il Tajut, Via di San Giovanni in Laterano 244, 347-8837574 (Spezialitäten aus Friaul).
Taberna Regina, Via E. Regina 22, 06-7000413 (lokale Hausmannskost).
Cocco, Circonvallazione Appia 37, 06-786819 (lecker: Basilikumpizza).
Piastra dal 1895, Via Labicana 12, 06-70495577 (empfehlenswerte Bäckerei).
L'Arte di Sicilia, Via dei Valeri 13, 06-70497518 (sizilianische Konditorei).
Crab, Via Capo d' Africa 2, 06-77203636 (Meeresküche).
Le Naumachie, Via Celimontana 7, 06-7002764 (kampanische Küche).
Pagacio, Via Capo d' Africa 26, 06-7009800 (Fisch und Fleisch).

Ausgehen

Coming Out, Via San Giovanni in Laterano 8, 06-7009871 (bekannte Schwulenbar).

1

2

3

Rund um die Synagoge

Das Ghetto – Heimat der ersten jüdischen Gemeinde Europas

Das Ghetto: wo schon im 1. Jahrhundert v. Chr. Juden lebten und der Rombesucher eines der architektonisch intaktesten Viertel entdecken kann, wo es noch intime Plätze gibt, die zum Verweilen und Essen im Freien verführen.

Unterhalb des Kapitols liegt die verkehrsreiche Piazza Venezia. An ihr erhebt sich der protzige Palazzo Venezia. Ein Renaissancebau mit wertvollen Kunstwerken und aufwendig ausgemalten Sälen. Die direkt an den Palazzo gebaute Basilica di S. Marco verfügt über ein gut erhaltenes und schönes Apsismosaik aus dem 9. Jahrhundert. Nicht weit entfernt reckt sich die riesige Fassade von Il Gesù in den Himmel, eines der Hauptwerke des römischen Barock. Die Kirche, die Ignatius von Loyola, dem Gründer des Jesuitenordens, geweiht ist, präsentiert einen ungewöhnlich aufwendig gestalteten Innenraum. Die Tonnendecke und die Vierungskuppel zeigen eine interessante perspektivische Wirkung.

Von Il Gesù aus sollte man einen Spaziergang durch das ehemalige Ghetto und seine direkte Umgebung machen. Dieses Viertel ist eines der schönsten und intimsten Roms. Gruppen von Touristen tauchen hier nur selten auf.

Hübsch ist die Piazza Margana mit ihren kleinen Palazzi und der ausgezeichneten Trattoria Vinando, die über eine gute Weinauswahl verfügt. Die Piazza Campitelli wird dominiert von der Kirche S. Maria in Campitelli, deren steil aufragende Fassade aus dem späten 17. Jahrhundert fast wie ein Wolkenkratzer wirkt. Nebenan kann man bei gutem Wetter unter großen weißen Sonnenschirmen im »Vecchia Roma« römische Traditionsgerichte probieren.

Wegen ihrer Fassade sollte man sich die manieristische Kirche S. Caterina dei Funari in der Via Caetani anschauen. Leider ist sie seit Jahren geschlossen. Gegenüber der Kirche lohnt ein Besuch im ersten Stockwerk des Palazzo Mattei. Hier ist die römische Bibliothek für moderne Geschichte untergebracht: studiert wird unter herrlichen Barockfresken! In der Via delle Botteghe Oscure, gleich um die Ecke, bieten das Restaurant und die Champagnerbar Le Bain elegantes Ambiente und VIP-Atmosphäre.

In der Mitte der Piazza Mattei steht vor der gemütlichen Osteria Pane e Vino der, wie ihn die Römer im Volksmund nennen, Schildkrötenbrunnen, die Fontana delle Tartarughe. Ein Meisterwerk der

1 Der Fotograf Giuseppe Casetti in seiner Galerie-Buchhandlung »il museo del louvre«. **2** Auch im Hochsommer angenehm frisch: die Tiberinsel. **3** Die Bar im Centrale Ristotheatre.

1 Buchhandlung und Galerie »il museo del louvre«. **2** Centrale Ristotheatre: Essen und Lachen ist das Konzept dieses Restaurants, dessen Speisesaal über eine Bühne verfügt, auf der Roms bekannteste Kabarettisten auftreten. **3** Teatro di Marcello mit den korinthischen Säulen des Apollotempels. **4** Russischer Tee und Kuchen: der Russian Tea Room. **5** Vor allem abends sehr reizvoll: das Restaurant Vecchia Roma.

Bronzekunst von Giacomo della Porta aus dem 16. Jahrhundert. Schön ist es, abends ein Glas Wein in der Weinbar Bartaruga zu trinken. Kurios ist der »Russian Tea Room« in der Via degli Falegnami: russische Atmosphäre, Kuchen und eine reiche Teeauswahl.
Durch die Via della Reginella geht es in die Via del Portico d' Ottavia. Sie war früher die Hauptstraße des jüdischen Ghettos, das Ende des 19. Jahrhunderts mit der italienischen Staatseinigung aufgelöst wurde. 1943 wurden fast alle römischen Juden von der deutschen SS in Konzentrationslager verschleppt. Nur wenige überlebten.
Heute leben im ehemaligen Ghetto wieder viele Juden. Bei gutem Wetter sitzen sie vor den Häusern und verleihen ihrem Viertel einen ungewöhnlich dörflichen Charakter. Die Synagoge ist die größte südlich der Alpen und enthält ein Museum zur Geschichte der römischen Juden, die die erste Gemeinde Europas gründeten.

Jüdische Küche mit römischem Einschlag gibt es im eleganten Restaurant Piperno und im ersten Stock des Palazzo Cenci in der Trattoria Pompiere. So richtig koscher wird im Yotvata gekocht. Der Antico Forno del Getto backt Leckereien der römisch-jüdischen Tradition. So richtig gut sind die mit Rosinen gefüllten Brote.
Der Portico d' Ottavia ist die grandiose Ruine eines römischen Tempels, in den die Kirche S. Angelo in Pescheria gebaut wurde. Links des Tempels liegen in den Auslagen von »Dolce Roma« echt österreichische Torten. Gegenüber führt eine Treppe in einen der verrücktesten Läden Roms. »Limentani« erstreckt sich in zahlreichen Räumen unter der Erde – ein Paradies für Glas, Porzellan, Bestecke, Töpfe usw. Der Showroom von Limentani befindet sich rechts von S. Angelo in Pescheria in einer ehemaligen Barockkapelle.
Rechterhand von S. Angelo in Pescheria führt ein Fußweg zum Teatro di Marcello. Im Mittelalter wurde in die mächtige und gut erhaltene Ruine des Theaters der Palazzo Orsini gebaut.
Vom Portico d'Ottavia führt ein anderer Fußweg in die Via Tribunale di Campitello, eine unscheinbare Straße, die nicht auf allen Stadtplänen verzeichnet ist. Das Bodenniveau ist sehr uneben, denn

4

unter dem Kopfsteinpflaster liegen antike Ruinenreste, auf die die rechts und links stehenden Paläste gebaut worden sind.

Die kleine Sackgasse Via Montanara bietet einen faszinierenden Blick auf das Teatro di Marcello. Wer im Sommer den Konzerten vor dem Theater kostenlos lauschen will, kann das von hier aus tun.

Das Ghetto – Die erste jüdische Gemeinde Europas entstand am Tiber

Besichtigen

Palazzo Venezia (Renaissancepalast und Museum).
Chiesa del Gesù (frühbarocke Kirche).
Palazzo Mattei (Barockpalast).
Piazza Mattei (intimer Platz).
S. Caterina dei Funari (Renaissancefassade).
S. Maria in Campitelli/Piazza Campitelli (Barockplatz mit Kirche).
Piazza Margana (kleiner Platz).
Teatro di Marcello (antikes Theater mit Palast).
Via del Portico d'Ottavia (antiker Tempel mit einer sehenswerten Kirche).
Sinagoga und jüdisches Museum (Südeuropas größte Synagoge).
Via Tribunale di Campitelli (Insider-Straße).

Shoppen

Antico Forno del Getto, Piazza Costaguti 30, 06-68803012 (jüdische Bäckerei).

5

La Dolce Roma, Via del Portico d'Ottavia 20b, 06-6892196 (österreichische Konditorei).
Leone Limentani, Via del Portico d'Ottavia 47, 06-68806686 (Roms schrillster Porzellanladen).

Essen und Trinken

Osteria Pane e Vino, Piazza Mattei 16, 06-6877147 (traditionelle Trattoria).
Russian Tea Room, Via degli Falegnami 7, 06-6869164 (russische Teestube).
Vinando, Piazza Margana 23, 06-69200741 (Weinbar).
Le Bain, Via delle Botteghe Oscure 33, 06-6865673 (elegante Bar plus Restaurant).
Piperno, Monte de' Cenci 9, 06-68806629 (elegantes jüdisches Restaurant).
Pompiere, Via Santa Maria dei Calderei 38, 06-68803142 (volkstümliches jüdisches Restaurant).
Vecchia Roma, Via Tribunale di Campitelli 18, 06-6864604 (römische Küche unter freiem Himmel).
Yotvata, Piazza Cenci 70, 06-68134481 (koschere Küche).

Ausgehen

Le Bain, Via delle Botteghe Oscure 33, 06-6865673 (elegante Bar).
Bartaruga, Piazza Mattei 90, 06-6892299 (intime Bar).

1

2

3

4

Die Pyramide in der Stadtmauer

Auf Entdeckungstour durch das Testaccio

Eines der abwechslungsreichsten Viertel Roms befindet sich dort, wo sich der stillste der sieben Hügel erhebt und wo das Dorado des römischen Nachtlebens zu finden ist, wo man einen Berg aus Millionen von Tonscherben erklimmen kann und wo sich ein Prätor und Volkstribun eine Pyramide errichtete.

Der Clivio di Rocca Savella ist nicht leicht zu finden. Auf dem Falkplan Rom ist der kleine Fußweg allerdings eingezeichnet, der von der Via S. Maria in Cosmedin zum Aventinhügel hinaufführt, in eine der schönsten Ruheoasen Roms.

Ein Fußweg wie aus einer anderen Zeit, als Rom noch nicht im chaotischen Autoverkehr versank und man die Hügel per pedes erklomm. Am Ende des Clivio Rocca befindet sich ein altes Tor. Es führt in den Parco Savella, der Parco S. Alessio genannt wird, eine mit zahlreichen Orangenbäumen bestandene Grünfläche, von deren Terrasse aus man einen herrlichen Blick auf Rom und die Tiberinsel hat.

Vom Park aus sollte man einen Rundgang über den Aventinhügel machen, der schon in der römischen Antike von ruhesuchenden Aristokraten bewohnt war. Bevor sie in die Albaner Berge umzog, wohnte auch die bekannte deutsche Schriftstellerin Luise Rinser auf dem Aventin. Dort schrieb sie eine ihrer schönsten Erzählungen, »Septembertag«.

Die Via di Santa Sabina wird von gleich zwei wichtigen Kirchen gesäumt. S. Sabina wurde nach der Zerstörung weiter Teile Roms im Jahr 425 errichtet. Dem Priester Petrus von Illyrien ist der Bau der mächtigen Basilika zu verdanken. Auf dem Gebiet der heutigen Kirche stand vormals die Villa der reichen Römerin Sabina, die sich zum Christentum bekehrt hatte und dafür den Märtyrertod sterben musste. Das Gotteshaus fasziniert durch sein intaktes frühchristliches Ambiente. Die hölzernen Flügel des Hauptportals stammen aus dem 5. Jahrhundert und sind ein Hauptwerk frühchristlicher Kunst. Dargestellt sind Themen aus dem Alten und dem Neuen Testament, unter anderem die älteste bekannte Kreuzigungsdarstellung. Von den ursprünglich 28 holzgeschnitzten Tafeln sind nur noch 18 vorhanden.

Im Innenraum sind die klassischen Maße einer römischen Basilika gut zu erkennen. Die 24 Marmorsäulen stammen aus anderen anti-

1 und 2 Markt auf der Piazza Testaccio. Hier bekommt man noch alle Waren hübsch präsentiert und die Wurst frisch aufgeschnitten. **3** Piazza d' Illiria. **4** Nicht ägyptisch! Pyramide eines altrömischen Prätors.

1 Einer der romantischen Spazierwege Roms: der Clivio di Rocca. **2** Aus einem antiken Stadttor wurde eine kleine Burg: Porta S. Paolo. **3** Der Friedhof für Nichtkatholiken ist von antiken Stadtmauern umrahmt. **4** Blick durch's Schlüsselloch auf die Peterskuppel. **5** Vor allem ausländische Romliebhaber ruhen auf dem Cimitero Protestante. **6** Die Mönche von S. Anselmo beten nicht nur, sie betreiben auch einen Laden.

ken Bauwerken. Sie sind Anfang des letzten Jahrhunderts von allen späteren Zutaten befreit worden und wurden aus dem schönsten Marmor der antiken Welt geschlagen. Sie stammen aus Patmos in Griechenland und gehörten wahrscheinlich zum Tempel der Diana, der sich auf dem Aventin erhob. Die hellen Wände und der helle Marmorfußboden verleihen dieser Kirche an Sonnentagen eine eigentümliche Transparenz. Die Tatsache, dass Mosaiken fehlen, lässt diese Kirche wie keine andere in Rom wie einen antiken Tempel erscheinen. Im Kloster S. Sabina, direkt neben dem Gotteshaus, gründete 1216 der heilige Dominikus seinen Orden, der hier immer noch seinen Hauptsitz hat. Nicht weit entfernt erhebt sich S. Alessio aus dem 8. Jahrhundert. Diese Kirche wurde im 18. Jahrhundert so umgebaut, das von ihrer ursprünglichen Form kaum etwas erhalten blieb. Im Innern der Kirche finden wir eine merkwürdige Reliquie: eine hölzerne Treppe, unter der der heilige Alexius im elterlichen Hause siebzehn Jahre lang, bis zu seinem Tod

5

6

unerkannt gelebt haben soll. Eine makabre Geschichte, die in der Kirche S. Clemente von schönen Fresken bildlich nacherzählt wird. Sowohl die Piazza dei Cavalieri di Malta als auch die daran gelegene Kirche S. Maria del Priorato wurden im 18. Jahrhundert von dem durch seine Kupferstiche bekannten Battista Piranesi gestaltet. Hier haben die Malteserritter ihre römische Residenz. Diese ist leider nicht zu besichtigen. Durch das Schlüsselloch des Hauptportals, das in den für Besucher ebenfalls verschlossenen Park führt, kann man allerdings einen kuriosen Blick auf die ferne Kuppel des Petersdoms genießen.

In der an der Piazza di S. Anselmo gelegenen Kirche S. Anselmo, die durch eine kleine Zypressenallee zu erreichen ist, befindet sich ein schönes und seltenes Mosaik aus dem 3. Jahrhundert, das den Mythos des Orpheus darstellt. Die Benediktinermönche, die die Kirche und das Kloster betreuen, verkaufen in ihrem eigenen Laden selbst gemachte Kosmetik, Honig und Marmeladen.

Wer auf dem Aventin übernachten will, sollte das im Hotel Aventino tun. Das gemütliche Dreisternehotel ist in einer Villa untergebracht und bietet komfortable Zimmer und einen kleinen Garten. Die Domus Aventina verfügt über hübsche Zimmer mit Blick in den Innenhof der Kirche S. Prisca. Von einem gepflegten Garten ist die Villa San Pio umgeben. Schön sind die geräumigen Zimmer mit Whirlpool.

Die Via di Porta Lavernale führt direkt in das lebendige Stadtviertel Testaccio unterhalb des Aventin. Ein Szene-Viertel, das vor allem von jungen Leuten, Künstlern und Journalisten frequentiert wird. Testaccio ist nicht schön, dafür aber interessant.

Das interessanteste historische Bauwerk in Testaccio ist durch Zufall entstanden. Es handelt sich um einen Müllberg. Ein gigantischer Müllberg von 50 Meter Höhe. Er besteht aus den Resten von Millionen antiker Amphoren. Jahrhundertelang warfen die Römer ihre Tonreste auf eine einzige Stelle. Das Resultat ist der einzige künstliche Hügel Roms. Durch ein Tor in der Via Nicola Zabaglia kann er bestiegen werden. Aber am besten nur tagsüber, denn nachts treffen sich auf dem Scherbenberg dubiose Gestalten.

Auf dem Gipfel erhebt sich ein großes Kreuz. In früheren Jahrhunderten veranstalteten die Römer religiöse Festzüge auf den Hügel. Der Blick auf Testaccio und das nahe Viertel EUR, das von Mussolini errichtet wurde, ist überwältigend.

An seinem Fuß ist der Monte Testaccio von zahlreichen Lokalen ausgehöhlt worden. Nachtlokale vor allem, die als die interessantesten Roms gelten.

1 Nur selten von Touristen besucht: die Kirche S. Alessio. **2** Im Stil einer antiken Basilika: S. Sabina. **3** Kunstvoll verziertes Grabmal in S. Alessio. **4** Einer der schönsten Aussichtspunkte auf Rom: Parco Savella. **5** Ruheoase auf dem Aventinhügel. **6** Adelswappen in S. Sabina.

Das »Alibi« zum Beispiel. Einst eine reine Gay-Disko gilt dieses Lokal am Wochenende als hip für alle. Im »Akab« wird vor allem Black Music geboten und im Caffè Latino geht es musikalisch eher eklektisch zu. In einem Teil der ehemaligen Schlachthöfe, dem Mattatoio, ist eine Dependance des römischen Museums für zeitgenössische Kunst MACRO untergebracht. Das Villaggio Globale, eines der aktivsten Jugendzentren Roms, bietet immer wieder flippige Veranstaltungen.

Wer original römische Küche in einem eleganten Ambiente probieren will, der ist im »Checchino dal 1887« genau an der richtigen Adresse. Ein Traditionslokal, in dem im Herbst 2005 der ehemalige deutsche Außenminister Joschka Fischer sein Hochzeitsfest veranstaltet hat.

Zwischen dem Campo Boario und dem Lungotevere Testaccio finden sich zahlreiche Lokale für Nachtschwärmer aller Art. Das Izgud ist Restaurant und Lounge-Bar und präsentiert sich »minimal«. Wie eine Opiumhöhle wirkt das »Ketumbar« mit seinem Ethno-Chic. Hier werden auch Sommelierkurse organisiert. Essen und Tanzen kann man im Joia und heiße Rhythmen schwarzer Musik dröhnen im Black Planet aus den Lautsprechern.

Das Sonar ist hingegen eine coole Diskobar der neuesten Generation. Getanzt wird zu Hip-Hop, Funk und elektronischer Musik. Kunst und Musik finden im Testaccio oft zusammen. So präsentiert sich das Zoobar beispielsweise als Galerie mit Videoinstallationen, als Disko und Bar.

Architektonisch interessant ist in Testaccio das Ufficio Postale, das Postgebäude in der Via Marmorata. Errichtet wurde es während des Faschismus in dem für das Italien jener Jahre typisch rationalen Baustil.

In derselben Straße lockt eines der besten Delikatessengeschäfte Roms. Bei Volpetti findet man einfach alle typischen Leckereien Italiens. Das Wurstwarensortiment ist umwerfend. Zum Laden gehört auch eine Rosticceria, in der frisches Brot und Pizza als Snacks verzehrt werden können. Etwas preiswerter und einfacher als bei Volpetti geht es im Spezialitätengeschäft Carla Specialità Gastronomiche zu. Von allem kann direkt probiert werden.

In der Via Marmorata liegt ein aufgrund seiner Lage recht spektakuläres Restaurant. Das Consolini all' Arco di San Lazzaro befindet sich auf drei Terrassen am Aventinhügel. Serviert wird traditionelle Kost. Besonders schön ist es, hier abends zu essen, wenn das Lokal hübsch ausgeleuchtet ist.

Wer ein Käsefreak ist, sollte in »La Fromagerie« vorbeischauen. Neben einem reichen Käseangebot aus Italien gibt es hier auch Würste und Schinken, Weine und Bier. Die nicht weit entfernte

1 Stilvolles Teezimmer im Hotel Villa S. Pio. **2** Klassische Eleganz im Hotel Villa S. Pio. **3** Hunderte von Biersorten gibt es in der L' Oasi della Birra. **4** Speisen mitten im Grünen: Hotel Villa S. Pio. **5** Ein Zimmer im Hotel Aventino.

»L' Oasi della Birra« hat in ihrem Angebot über 150 verschiedene Biere aus der ganzen Welt. Dazu gibt es kleine und deftige Gerichte. Über 700 verschiedene Biersorten plus eine reiche Weinauswahl sowie Wurst- und Käsegerichte präsentiert Palombi an der Piazza Testaccio. An der Piazza Santa Maria Liberatrice hat eine der letzten echt volkstümlichen Pizzerien ihre Adresse. Bei Remo muss man immer etwas warten, bis man sich, dicht gedrängt, vor einen Teller mit einer dampfenden Pizza setzen kann, die ausgezeichnet schmeckt.
Nachtschwärmer, denen es beim Tanzen warm geworden ist, können sich am »Chiosco Testaccio« mit Eis erfrischen, das mit der Hand von einem Eisblock gerieben und mit süßem Sirup begossen wird. Eine echt römische Spezialität! Der Chiosco ist bis zwei Uhr nachts geöffnet. Bis tief in die Nacht hinein ist auch die Crêperie di Testaccio geöffnet. Hier gibt es nicht nur frisch zubereitete Crêpes, sondern auch biologische Kost, lecker zubereitet und für Rom relativ preiswert.

Am Ende der Via Marmorata steht mitten im brausenden Verkehr die Porta S. Paolo, eines der am besten erhaltenen römischen Stadttore. In der Via di Porta Ardeatina kann man ein langes Stück der antiken Wehrmauern bewundern. Eine Institution ist Perilli a Testaccio, eine Familientrattoria wie aus dem Bilderbuch. Echt römische Küche und immer rappelvoll.
Vor der Porta steht Roms einzige Pyramide. Der altrömische Feldheer Gaius Cestius ließ sie sich nach einem ägyptischen Feldzug errichten. Sie ist 27 Meter hoch. Diese Pyramide ruht auf einen riesigen Travertinsockel. Eine Inschrift informiert, dass sie in nur 330 Tagen gebaut worden sein soll. Wieso sich dieser Römer als Totenstätte ausgerechnet eine Pyramide errichten ließ, ist unbekannt. Die Pyramide steht mitten auf dem Cimitero Protestante, dem Friedhof für die Nichtkatholiken Roms. Ein sehr stiller Ort, mit alten Bäumen und Gräbern von prominenten Rombesuchern. Goethes Sohn August oder auch die Dichter Shelley und John Keats liegen hier begraben. Durch die Viale Giotto geht der Weg in die Via Palladio und weiter zur Kirche S. Saba. Ihren Namen hat sie von jenem legendären Sabas, den Patriarchen der Mönche, wie er in der griechischen Kirche genannt wird. Für seine Mönche, die Basilianer, ist dieses Gotteshaus errichtet worden. Es erhebt sich

auf den Ruinen des Oratoriums der heiligen Silvia, der Mutter von Papst Gregor dem Großen. Im 12. Jahrhundert übernahmen die Zisterzienser die Kirche und das Kloster und verliehen beiden Gebäuden ihr heutiges Aussehen. Interessant ist der architektonische Mix aus drei frühchristlichen Apsiden und der Säulenbasilika ohne Querhaus. Besonders schön: die Malereien im Innern der Kirche aus der Zeit Karl des Großen sowie die Fußbodenmosaiken.

Testaccio – eines der abwechslungsreichsten Viertel Roms

Besichtigen

Monte dei Cocci (antiker Scherbenhügel). – *Parco Savella* auf dem Aventin (Park mit Aussicht). – *S. Sabina* (frühchristliche Kirche). – *S. Alessio* (Klosterkirche). – *S. Saba* (frühchristliche und mittelalterliche Kirche). – *Schlüsselloch* an der Piazza dei Cavalieri di Malta (Blick auf die Peterskuppel). – *S. Anselmo* (stille Klosterkirche). – *Posta* in der Via Marmorata (faschistischer Bau). – *Porta S. Paolo* (Stadttor). – *Cestius-Pyramide* (Pyramide). – *Cimitero Protestante* (protestantischer Friedhof).

Shoppen

Carla Specialità Gastronomiche, Piazza Testaccio 24, 06-5742569 (Delikatessen). – *La Fromagerie*, Piazza Testaccio 35, 06-57250185 (Käsespezialitäten). – *Emilio Volpetti*, Via Marmorata 47, 06-5742352 (Delikatessen). – *Negozio benedettino della Badia primaziale di Sant'Anselmo*, Piazza Cavalieri di Malta (Klosterprodukte).

Übernachten

*** *Aventino*, Via San Domenico 10, 06-5783214 (ruhig).
*** *Domus Aventina*, Via Santa Prisca 11b, 06-5746135 (komfortables und ruhiges Haus).
*** *Villa S. Pio*, Via Santa Melania 19, 06-5745174 (preiswerte Unterkunft).
** *Santa Francesca Romana a Ponte Rotto*, Via dei Vascellati 61, 06-5882408 (Schlafen im Kloster).
*** *Sant'Anselmo*, Piazza di S. Anselmo 2, 06-5743547 (ruhig).

Essen und Trinken

L'Oasi della Birra, Piazza Testaccio 38, 06-5746122 (Bierkneipe mit kleinen Häppchen).
Volpetti, Via A. Volta 8, 06-5744305 (Pizza und Nudeln).
Palombi, Piazza Testaccio 38, 06-5746122 (Bier, Wein und kleine Häppchen).
Checchino dal 1887, Via di Monte Testaccio 30, 06-5743816 (traditionelle römische Küche).
Remo, Piazza Santa Maria Liberatrice 44, 06-5746270 (gute Pizzeria).
Chiosco Testaccio, Via G. Branca (Eisstand).
Perilli a Testaccio, Via Marmorata 39, 06-5742415 (Familientrattoria).
La Crêperie di Testaccio, Via Galvani 11, 06-5743814 (nicht nur Crêpes).
Consolini all'Arco di San Lazzaro, Via Marmorata 39, 06-57300148 (Terrassenrestaurant).

Ausgehen

Izgud, Via di Monte Giorgio 19, 06-57288794 (Lounge-Bar).
Ketumbar, Via Galvani 24, 06-57305338 (Ethno-Chill-Bar).
Joia, Via Galvani 20, 06-5740802 (Disko).
Black Planet, Via di Campo Boario 60, 348-3557332, 349-0906663 (Disko).
Sonar, Via dei Conciatori 7, 06-45426950 (Disko).
Zoobar, Via di Monte Testaccio 22, 06-5466286 (Disko und Galerie-Bar).
Alibi, Via di Monte Testaccio 40, 06-5743448 (Disko).
Caffè Latino, Via di Monte Testaccio 96, 06-57288556 (Musik-Bar).
Akab, Via di Monte Testaccio 69, 06-5782390 (Disko).
Villaggio Globale, Lungotevere Testaccio, 06-57300329 (Kulturzentrum).

1

2

3

4

Nicht nur Villa Borghese …

Viel Kunst, viel Grün und viele Shops – der Norden

Prati, Parioli, Villa Borghese: wo es mitten in einem riesigen Park ganz große Kunst aus über 2000 Jahren zu entdecken gibt, wo Touristen Seltenheitswert haben und wo man unter Römern shoppen gehen kann.

Kardinal Scipione Caffarelli-Borghese war nicht nur Kirchenmann, sondern vor allem Lebemann. Das Dolce Vita existierte auch schon im Barock und dazu gehörte es, dass ein reicher und mächtiger Mann, der aller Welt seinen verfeinerten Lebensstil präsentieren wollte, über einen Park verfügte. So ließ sich der Kardinal Borghese im 17. Jahrhundert einen standesgerechten Park anlegen, der heute Villa Borghese genannt wird. 1608 begann der Kardinal mit dem Aufkauf des Terrains für seine Villa. In diesem Park ließ er einzelne Waldpartien stehen und auch neue anpflanzen, weil er die Jagd liebte.

Villa heißt im Italienischen nicht nur herrschaftliches Gebäude, sondern bezeichnet auch eine große Gartenanlage. Groß ist die Villa Borghese und sie liegt so nah beim historischen Stadtzentrum, dass sie bequem von der Spanischen Treppe aus oder durch die elegante Via Veneto erreicht werden kann. Nach nur wenigen Metern wird der Besucher von Natur und Stille umhüllt. Ein Wohlgenuss mitten im chaotischen Rom!

Der Park erhielt im 18. und vor allem im 19. Jahrhundert ein ganz neues Gesicht. An verschiedenen Stellen errichtete man historisierende Gebäude im klassizistischen Stil, die kleine Tempel sein sollten. Wer einen Überblick über den Park, das gesamte Innenstadtzentrum und die Umgebung Roms genießen will, der sollte den sogenannten »Achten Hügel« aufsuchen. Es handelt sich um den größten Heißluftballon der Welt, der in regelmäßigen Abständen an Seilen befestigt in die Höhe geschickt wird. Der Ballon ist von der Via Veneto aus in nur wenigen Minuten Fußweg zu erreichen. Nicht weit von der Ballonstation entfernt liegt unter der Erde in einem Parkhaus das Art Café, einer der hippsten Treffpunkte junger und jung gebliebener Römer.

Die Villa Borghese ist nicht nur eine erholsame Grünfläche, sondern auch eine Museumslandschaft. Durch Miniwälder, an kleinen Seen vorbei und über Wiesen kann der Rombesucher von

1 Fast wie auf dem Land: im Park Villa Borghese. **2** Löwenmaul an der Fassade des Justizpalastes. **3** Eine kleine Pause vor dem Besuch des nächsten Museums. **4** Schatzkammer des Kardinals Borghese: die Galleria Borghese.

1 **Monumentalskulptur am Eingang der olympischen Sportstätten, die unter Mussolini begonnen wurden. 2 Leider wird die Nationalgalerie für moderne Kunst viel zu selten besucht, wo man ... 3 ... Meisterwerke der italienischen Kunst des 19. und 20. Jahrhunderts besichtigen kann, ... 4 ... aber auch beispielsweise Klimts »Blumengarten«. 5 Werke der Stars der italienischen Moderne – Capogrossi und Giacometti.**

Museum zu Museum wandern und nebenbei auch noch den römischen Zoo besuchen.

Das wichtigste und vielleicht beeindruckendste Museum des Parks ist die Galleria Borghese. Ein Schatzkästchen ohnegleichen – selbst in Rom.

»Das Gesetz, sich wohl zu fühlen, soll das einzige Gesetz in Garten und Villa sein«. So lautet eine Inschrift am Eingang dieses zauberhaften Gebäudes, das Anfang des 17. Jahrhunderts errichtet wurde. In dem Casino genannten Minipalazzo wird eine Kunstsammlung aufbewahrt, die schon zu Goethes Zeiten als die »Königin unter den Privatsammlungen« gerühmt wurde.

Die Galleria Borghese ist nicht einfach nur ein Museum: die einzelnen Gemälde und Skulpturen gehen mit den kunstvoll ausgeschmückten Sälen und Gängen eine Symbiose ein, die den Besucher sofort gefangen nimmt. Unter den Fresken der berühmtesten Maler des 17. Jahrhunderts werden unschätzbare Meisterwerke der Kunstgeschichte gezeigt. Bilder von Caravaggio, Tizian und Raffael hängen an den mit Seide bespannten Wänden und die schönsten Skulpturen stammen entweder aus der römischen Antike oder aber aus der Hand des Barockbildhauers Gian Lorenzo Bernini.

Dieser wichtigste römische Architekt und Bildhauer des 17. Jahrhunderts verdankt dem lebenslustigen und kunstsinnigen Kardinal seine bedeutendsten Aufträge. Die Galleria Borghese zeigt Berninis »David mit der Schleuder«, den »Raub der Proserpina« und das atemberaubende Meisterwerk »Apoll und Daphne«. Der Marmor wurde so ausgezeichnet bearbeitet, dass er wie menschliche Haut wirkt. Der Betrachter wartet förmlich darauf, dass sich die Skulpturen bewegen.

Zeitgenössische Kunst findet sich im MACRO, nicht weit von der Villa Borghese im benachbarten Stadtteil Salario. Das Museum, das in einer ehemaligen Jugendstilbrauerei eingerichtet wurde, verfügt über eine kleine, aber beachtliche Sammlung europäischer Kunst

3

4

5

des 20. und 21. Jahrhunderts. In der nahen Via Mantova lockt »Gradisca«, ein ganz kleiner und unscheinbarer Eisladen, wo traumhaft gutes Schoko-Mousse-Eis serviert wird.
Im selben Viertel findet man bei »Marchetti Specialità Abruzzesi« so gut wie ausschließlich Leckereien aus der Region Abruzzen. An der Piazza Fiume erhebt sich das große Gebäude von Rinascente, eines der besten römischen Kaufhäuser für Mode, Möbel und Design.
Ein weiteres Muss der Villa Borghese ist die Villa Giulia. Aus unbegreiflichen Gründen verirren sich nicht viele Rombesucher in dieses Museumsjuwel im nordwestlichen Teil des Stadtparks.
Die Villa Giulia ist eine Art Landresidenz und das Werk von drei der berühmtesten Baumeistern des 16. Jahrhunderts: erst Vignola, dann Ammannati und Vasari. Auch Michelangelo soll beratend mitgewirkt haben. So erklärt es sich, dass die Anlage dieser Villa zu den eindrucksvollsten und harmonischsten nicht nur in Rom gehört. Das Gebäude wurde für Papst Julius III. errichtet und verfügt über verschiedene Innenhöfe und eine der schönsten Loggien Roms. Die Brunnen der Villa werden von einem antiken Aquädukt mit Wasser versorgt. Julius III. war ein Papst, der einen recht freizügigen

1

2

3

1 Das neue Fußballstadium und das von Mussolini gebaute Foro Italico.
2 und 4 Der Stararchitekt Paolo Portoghesi errichtete diese Moschee.
3 Der Parco della Musica ist Roms Allround-Zentrum für Musikbelange.

Lebensstil hatte und sich ein wenig wie ein antiker Kaiser fühlte. So errichtete er sich in einem der Innenhöfe ein Nymphäum.

Bevor das Gebäude 1889 zum etruskischen Nationalmuseum wurde, war es auf das Prächtigste mit Statuen, vergoldeten Stukkaturen und Fresken schmückt. Nur wenig ist von diesem Prunk erhalten. Im Sommer werden im Innenhof der Villa Giulia Konzerte mit klassischer Musik veranstaltet. Herrlich ausgeleuchtet ist die Villa dann die perfekte Kulisse zur Musik.

Das etruskische Nationalmuseum beherbergt die reichste und kostbarste Sammlung mit Werken dieses immer noch mysteriösen Volkes, dessen Herkunft und sprachlicher Ursprung unbekannt sind. Beeindruckend ist zum Beispiel der Ehegattensarkophag, in Wirklichkeit eine Aschenurne, aus dem 6. Jahrhundert v. Chr. Liegend auf ihre Ellenbogen gestützt sind die beiden Verstorbenen auf dem Sarg dargestellt. Der Mann hat seiner Frau zärtlich einen Arm auf die Schulter gelegt. Die beiden Personen wirken entspannt und schauen den Betrachter an. Faszinierend ist auch die Sammlung an Bronzearbeiten, Skulpturen und etruskischem Goldschmuck.

Nicht weit von der Villa Giulia entfernt gibt es moderne Kunst. Die Galleria Nazionale d'Arte Moderna ist ebenfalls eine Institution, die von Touristen eher links liegen gelassen wird. Kunstfreunde sollten diesem großen Museum aber unbedingt einen Besuch abstatten. In zahlreichen Sälen wird die Geschichte der italienischen Kunst von der Mitte des 19. Jahrhunderts bis in die Moderne nacherzählt. Mit Hauptwerken von Canova und Hayez, De Nittis, Boldini, Manzu und Balla und vielen anderen. Klein, aber fein ist die Sammlung nordeuropäischer Maler: Van Gogh und Monet, Degas, Rodin und Klimt.

Nördlich der Villa Borghese hat Rom nicht mehr viel zu bieten. Für Architekturfreaks gibt es allerdings eine wichtige Adresse. Die Moschee mit dem islamischen Kulturzentrum beim Monte Antenne. Sie wurde Ende der achtziger Jahre des letzten Jahrhunderts von dem römischen Baumeister Paolo Portoghesi errichtet und gilt europaweit als eine der schönsten ihrer Art. Beachtenswert ist der große Saal, dessen hohe Decke von einem ausgeklügelten System von Pilastern und Bögen getragen wird.

4

Das Stadtviertel Parioli sollte man sich bei seinem Rombesuch wegen einiger wirklich guter Lokale merken. Eines der mondänsten und besten Restaurants ist das Jeff Blynn's. Gut, aber auch teuer, aber dafür trifft man hier auf römischen Jetset. Duke's ist eine sehr moderne Holz-Metall-Glas-Konstruktion, wo sommers in einem schönen Garten amerikanische Gerichte und Weine serviert werden. Sehr trendy. Wein zum Probieren gibt es in der Enoteca Bulzoni, der besten Weinbar des Viertels.
Parioli ist auch ein Shopping-Viertel, aber eher der gehobeneren Preisklasse. Bei B.B.C. Bassetti Brothers Company kleiden sich schicke Youngster ein und Blanchenoir ist die richtige Adresse für die elegante Signora. Klassischen und farbenfrohen Look gibt es auch bei Dueaelle. Für alle Geldbörsen bietet der Mercatino Michela auf der Piazza Pitagora preiswerte Mode. Secondhand zu tollen Preisen. Extravagante Kleidung von jungen Modemachern präsentiert Pinko und wer es zeitlos elegant mag, der ist in der traditionellen Sartoria Parioli gut aufgehoben. Designertaschen und -schuhe fertigt Effe in der eigenen Fabrik von Hand an. Sportliche Schuhmode und Kinderschuhe italienischer Modemacher hat Hemil in seinen Auslagen.

Das Viertel ist nicht unbedingt als Hoteladresse für Romreisende gefragt. Wer aber in Parioli übernachten will, dem sei »The Duke« empfohlen. Ein kleines, aber feines Luxushotel im englischen Einrichtungsstil.
Etwas östlich von Parioli geht es im Stadtviertel Trieste unter die Erde. Neben der riesigen Villa Ada, einem ehemals königlichen Park, der als Jagdrevier genutzt wurde, sollte man in der Via Salaria in die Priscilla-Katakombe, eine der suggestivsten Katakomben Roms, hinabsteigen. Sie gehört zu den ältesten und wichtigsten Grabanlagen Roms.
Westlich von Parioli errichtete der italienische Stararchitekt Renzo Piano das neue römische Auditorium Parco della Musica. Um eine Piazza herum erheben sich drei unterschiedlich große Konzertsäle, die wie die Panzer eines Skarabäus aussehen. Auch ohne eines der Konzerte zu besuchen, lohnt ein Rundgang durch diese riesige Anlage, die als eines der schönsten und was die Akustik angeht besten Auditorien der Welt bezeichnet wird. Wer im Winter nach Rom kommt, kann im Innenhof des Auditoriums Schlittschuh laufen und auch im Sommer wird unter freiem Himmel einiges geboten: Kino und Konzerte und verschiedene Festivals. Ausgezeichnet ist

2

3

1 Sacro Cuore: Kirche mit dem weltweit einzigen Museum für die Seelen im Fegefeuer. **2** Einstmals königliches Jagdrevier: Park der Villa Ada. **3** Warten auf die Besichtigung der riesigen Säle des Justizpalastes. **4** Gründerzeiteleganz: die Piazza dei Quiriti. **5** S. Gioacchino in Prati im Abendlicht. **6** Skulptur des Bildhauers Mitoraj auf der Piazza Monte Grappa. **7** Köstliche Tropfen wohin man blickt: die Weinbar Del Frate.

4

die Musikbuchhandlung, die zur Anlage gehört. Hip ist das Lokal Red, wo sich trendige Youngster zum Aperitif treffen. Das in den Farben Schwarz und Rot eingerichtete Restaurant serviert Fusion-Gerichte.

Wer es einfacher mag, ist im »Bucchetto« an der richtigen Adresse. Die hervorragende Pizzeria liegt an der Via Flaminia.

Vom Auditorium zurück in das historische Stadtzentrum nimmt man am besten die Straßenbahn. Sie bringt einen zur Piazzale Flaminio, von wo aus es entweder durch das Renaissancetor der Porta del Popolo, durch das in früheren Jahrhunderten alle Rombesucher aus Nordeuropa die Ewige Stadt betraten, ins Zentrum oder aber durch die Via Regina Margherita di Savoia nach Prati weitergeht.

Prati, zu Deutsch die Wiesen, waren tatsächlich einmal Wiesen und Felder. Auf historischen Fotografien aus der ersten Hälfte des 19. Jahrhunderts ist gut zu erkennen, wie direkt neben dem Vatikan und dem kleinen alten Viertel Borgo das freie Land begann. Nach der italienischen Staatseinigung in der zweiten Hälfte des 19. Jahrhunderts wurden auf den Wiesen dann Wohnungen für die Beamten des neues Staates errichtet. Im Norden Pratis ließ Benito Mussolini das Foro Italico bauen, das nach dem Ende des Faschismus

5

6

nicht zerstört wurde und ein gutes Beispiel für die Architektur des italienischen Faschismus ist.

Besonders eindrucksvoll ist das Stadio dei Marmi von 1932: Um das Stadion herum stehen 60 Skulpturen, die verschiedene Sportler zeigen. Die Skulpturen werden wegen ihrer Ausdrucksstärke noch heute als Meisterwerke der Kunst des italienischen 20. Jahrhunderts gewürdigt.

Wer einen ausgedehnten Shoppingbummel machen will, ohne sich gleich verschulden zu müssen, der ist in den Straßen im südlichen Teil des Viertels Prati gut aufgehoben. Der römische Modemacher Angelo Di Nepi zeigt seine eigenwilligen Kreationen in seinem eigenen Geschäft in der Via Cola di Rienzo, eine der Hauptgeschäftsstraßen in Prati, wo sich ein Laden neben den anderen reiht. Coin ist ein Kaufhaus der mittleren Preislage mit einer schönen Einrichtungsabteilung. Eleganz für den Herrn und die Dame zu erschwinglichen Preisen hat Eredi Pisanò und große Markennamen zu Outlet-Preisen zeigt Fashion & Fashion. Italienische Delikatessen, auch zum Mitnachhausenehmen, gibt es bei Castroni. Im Dolce e Piccante gibt es nur sardische Spezialitäten.

Prati ist ein Viertel traditioneller Lokale, wo vor allem die Römer essen gehen. Dante Taberna de' Gracchi ist eine Trattoria, in der echt römische Gerichte serviert werden. In der Enoteca Del Frate gibt es kleine und leckere Häppchen zu den besten Weinen aus ganz Italien. Ein ausgezeichnetes Weinangebot führt das 1930 eröffnete gemütliche Lokal Vini e Oli Pastorelli. Kleine Gerichte und italienische Weine bringt die Enoteca Costantini auf den Tisch. Ein

1 Sushi im schnieken Restaurant Jeff Blynn's. **2** Der Chefkoch bei der Arbeit. **3** Polo Lounge im Viersternehotel The Duke. **4** Komfortabel, elegant und trotzdem preiswert: die Casa Valdese.

historisches Lokal an der Piazza Cavour bei der Engelsburg. Bis zwei Uhr nachts ist das Clok geöffnet. *Das* Szenelokal in Prati. Neben der Bar gibt es auch eine Pizzeria. Das vielleicht beste Eis in Prati macht Alberto Manassei in seiner Gelateria dei Gracchi.

Prati ist wie Parioli nicht unbedingt ein Stadtviertel, in dem Romtouristen wohnen wollen. Doch es gibt einige empfehlenswerte Hotels. Il Gattopardo Relais ist eine Art Bed & Breakfast der gehobenen Kategorie. Sehr komfortabel und familiär. Elegant ist das Hotel Dei Consoli. Ein kleines und sehr ruhiges Haus. Eine preiswerte Alternative zu den in der Regel nicht gerade billigen Hotels in Rom ist die Casa Valdese. Die Pension der römischen Waldensergemeinde ist einfach, sauber und zweckmäßig.

Nördlich von Prati erhebt sich auf dem Monte Mario eines der besten römischen Luxushotels. Das Cavalieri Hilton verfügt über Innen- und Außenpool und eines der besten Wellness-Center der Stadt. Auf dem Dach kocht im Restaurant Pergola Heinz Beck. Der Deutsche ist Roms bester Küchenchef. Seine Gerichte sind ein Mix aus traditioneller italienischer und moderner Küche und erhalten seit Jahren die besten Bewertungen von Restaurant-Guides.

Prati ist an kunsthistorisch wichtigen Bauwerken recht arm. Kurios ist der Palazzo di Giustizia. Er wirkt wie aus einem mächtigen Felsblock herausgeschlagen. Errichtet zwischen 1888 und 1910 ist der Justizpalast einer der größten Bauten, die jemals in Rom entstanden sind. Sein Baustil ist so eklektisch, dass er schon wieder interessant und fast schon trash wirkt. Neben dem Justizbollwerk erhebt sich die Engelsburg.

Das kreisrunde Grabmahl ließ sich Kaiser Hadrian errichten. In der Antike war es mit Bäumen bewachsen. Auf einem quadratischen Sockel erhebt sich ein zylinderförmiger Mauerring. Als es im 3. Jahrhundert für die Weltstadt aufgrund heranstürmender Barbaren immer brenzliger wurde, entschlossen sich die Kaiser, die Engelsburg zu einem Teil ihrer neuen städtischen Verteidigungsanlagen zu machen. Sie wurde somit als Bastion in die Aurelianische Stadtmauer einbezogen und als Festung ausgebaut. Damit war die weitere Verwendung endgültig entschieden. Fortan galt das Grabmal als Burg, in die die Päpste vom Vatikan aus über einen Korridor fliehen konnten.

Renaissancepäpste ließen verschiedene Innenräume prächtig ausmalen. Vor allem mit sogenannten Grotesken, die Nackedeis und Fantasiegestalten zeigen und die im frühen 16. Jahrhundert, nachdem man ähnliche Gemälde in antiken Ruinen entdeckt hatte,

Mode waren. In der Engelsburg hinterließen die besten Künstler Italiens ihre Werke, darunter der Maler Giulio Romano und Pierin de Verga. Der Blick von den Terrassen der Engelsburg auf die Altstadt und die Engelsbrücke ist umwerfend – wären da nicht die fliegenden und illegalen Händler, die aus dem Brückenjuwel einen Jahrmarkt machen.

Prati, Parioli und Villa Borghese

Besichtigen

Villa Borghese (der zentralste Stadtpark). – *L' Ottavo Colle – Aerophile a Villa Borghese*, 06-32111511 (Montgolfiere mit Traumblick). – *Galleria Borghese* (eines der reichsten Museen Roms). – *Catacombe di Priscilla*, Piazza di Priscilla (frühchristliche Katakomben). – *Villa Medici*, Viale della Trinità dei Monti (franz. Kulturakademie: Wechselausstellungen). – *Galleria Nazionale d' Arte Moderna* (Nationalgalerie moderner Kunst). *Villa Giulia* (etruskische Kunst). *Auditorio di Roma* (Renzo Pianos Auditorium). – *Foro Italico* (faschistisches Stadion). *MACRO*, Museo per l' arte contemporanea (zeitgenössische Kunst). – *Moschee von Paolo Portoghesi* (Moschee).

Shoppen

B.B.C. Bassetti Brothers Company, Viale dei Parioli 122, 06-8083680 (junge Mode). – *Blanchenoir*, Viale dei Parioli 97/a, 06-8070700 (Damenbekleidung). – *Dueaelle*, Viale dei Parioli 164, 06-807632 (Elegantes für Frauen). – *La Rinascente*, Piazza Fiume 1, 06-8416081 (elegantes Modekaufhaus). – *Mercatino Michela*, Piazza Pitagora 7, 06-80690510 (Secondhand-Mode). – *Pinko*, Viale dei Parioli 91 E/F, 06-80693054 (extravagante Kleidung). – *Sartoria Parioli*, Viale dei Parioli 79/L, 06-8075139 (Herrenschneider). – *Effe*, Viale dei Parioli 96, 06-8075349 (ungewöhnliche Schuhe). – *Hemil*, Viale Regina Margherita 11, 06-85353956 (Schuhe). – *Angelo Di Nepi*, Via Cola di Rienzo 267/a, 06-3224800 (Youngster-Designer). – *Coin*, Via Cola di Rienzo 173, 06-36004298 (Kaufhaus). – *Eredi Pisanò*, Via Cola di Rienzo 214, 06-6830-8082 (Damen- und Herrenbekleidung). – *Fashion & Fashion*, Via Simone de Saint-Bon 87, 06-37513947 (Outlet-Shop). *Castroni*, Via Cola di Rienzo 196, 06-6874383 (Delikatessen). *Gelateria dei Gracchi*, Via dei Gracchi 272, 06-3216668 (Eisladen). – *Dolce e Piccante*, Via degli Scipioni 19, 06-39725343 (sardische Delikatessen). – *Marchetti Specialità Abruzzesi*, Via Tagliamento 72, 06,8417646 (Leckereien aus den Abruzzen). *La Gradisca*, Via Mantova 18, 06-8412747 (Mousse-Eis).

Übernachten

***** *Rome Cavalieri Hilton*, Via Alberto Cadiolo 101, 06-35091 (Luxushotel). **** *The Duke*, Via Archimede 69, 06-367221 (britische Eleganz). *** *Dei Consoli*, Via Varrone 2d, 06-68892972 (komfortabel). ** *Casa Valdese*, Via Alesssandro Farnese 18, 06-3211822 (preiswert). *** *Il Gattopardo Relais*, Viale Giulio Cesare 94, 06-37358480 (komfortabel).

Essen und Trinken

La Pergola im Cavalieri Hilton, 06-35092152 (Roms bestes Restaurant). – *Jeff Blynn's*, Viale dei Parioli 103c, 06-8970444 (elegant). – *Dante Taberna de' Gracchi*, Via dei Gracchi 266, 06-3213126 (gemütliche Trattoria). – *Duke's*, Viale dei Parioli 200, 06-80662455 (amerikanische Küche). – *Il Bucchetto*, Via Flaminia 119, 06-3201707 (römische Küche). – *Del Frate*, Via degli Scipioni 118, 06-3211612 (Weinbar). – *Enoteca Bulzoni*, Viale dei Parioli 36, 06-8070494 (Weinbar). – *Enoteca Costantini*, Piazza Cavour 16, 06-3203575 (Weinbar). – *Vini e Oli Pastorelli*, Via degli Scipioni 185, 06-3243550 (Trattoria). *Red*, Via P. de Coubertin 30, 06-80691630 (Designrestaurant).

Ausgehen

Art Café, Viale del Galoppatoio 33, im Parkhaus der Villa Borghese, 06-36006578 (Topadresse ab nachmittags). *Clok*, Via Vittoria Colonna 21, 06-3200230 (Szenelokal).

1

2

3

4

Ein Dorf inmitten der Weltstadt

In Monti bewegt man sich unter Römern

Monti: wo in der Antike die einfachen Leute wohnten und heute die Schickeria Dachwohnungen sucht, wo es noch gemütlich zugeht und sich ein Lädchen an das andere reiht und wo es kulinarisch einiges auszuprobieren gibt.

Kinder spielen Ball und Mütter sitzen zum Plauschen zusammen. Einige wenige Touristen schlecken ein Eis und die Atmosphäre erinnert eher an ein Dorf auf dem Land als an ein Viertel inmitten einer Weltstadt. Die Piazza Madonna dei Monti ist der gute Salon von Monti, das einen eher beschaulichen Charakter bewahren konnte.

Von mondänen Lokalen ist keine Spur und Schickimickis lassen sich nur selten blicken. Und doch ist Monti »in«. Viele Intellektuelle und Schriftsteller wie der auch in Deutschland bekannte Luciano De Crescenzo (»Also sprach Bellavista«) haben sich hier niedergelassen. Die weltbekannte Opernsängerin Cecilia Bartoli wuchs in den engen Gassen von Monti auf.

In Monti lohnt sich ein ausgiebiger Spaziergang. Es gibt stille Ecken und kleine Kirchen, Miniplätze und viele gemütliche Weinbars und Geschäfte zu entdecken. Eine der schönsten Gassen ist die Via degli Zingari, die auf die Piazza degli Zingari führt. Hier wie in den anderen Straßen befinden sich viele bürgerliche Wohnhäuser des 17. und 18. Jahrhunderts. Der römische Adel bevorzugte elegantere Stadtviertel.

In der Antike hieß das Viertel Suburra und war von den römischen Foren durch eine gigantische Mauer getrennt, die man heute noch in der Via Tor dei Conti sehen kann. Sie sollte verhindern, dass die vielen Feuer, die in dem volkstümlichen Viertel an der Tagesordnung waren, auf die Kaiserforen übergriffen. Am Ende der Via Tor dei Conti erhebt sich der Torre dei Conti. Kein antiker Turm wie man zunächst annehmen könnte, vielmehr einer der Geschlechtertürme, die im Mittelalter neben den Kirchtürmen das Stadtbild prägten. Ein Bruder von Papst Innozenz III. ließ ihn 1203 als Verteidigungsanlage und zum Schutz der Familie errichten, denn im mittelalterlichen Rom kämpften die aristokratischen Familien untereinander um den politischen Einfluss in der Stadt. Die meisten dieser alten Wehrtürme sind heute bewohnt. Es gilt als todschick sich so einen Turm zu kaufen und zu renovieren. In der Regel bildet jede

1 Jugendstilvilla mit Blick auf Rom. **2** Fast in den Sixties: Via Cimarra. **3** Eleganter Treffpunkt in Monti: Bar im Hotel Forum. **4** Über den Dächern von Monti ...

1 Wie ein Dorfplatz: Piazza Madonna dei Monti. **2** Immer noch das Rom der kleinen Leute: Via del Boschetto Ecke Via degli Zingari. **3** Blick von der Dachterrasse des Hotel Forum. **4** Altarraum von S. Lorenzo in Panisperna. **5** Hochaltar der Kirche S. Maria dei Monti. **6** Barockes Mittelschiff von S. Lorenzo in Panisperna.

Etage nur ein Zimmer, dafür hat man aber auf dem Dach eine Panoramaterrasse. Es ist zwar verboten, sich auf einem historischen Bauwerk eine Terrasse einzurichten, aber an solche Verbote halten sich nur wenige Römer. Sie wissen ja, dass die italienische Regierung in Anbetracht der ständig klammen Staatskasse alle paar Jahr Amnestiegesetze erlässt, mit deren Hilfe sich fast jede Bausünde gegen Zahlung akzeptabler Strafgelder legalisieren lässt.

Am Hauptplatz von Monti erhebt sich die prächtige Kirche Madonna dei Monti. Sie ist ein Entwurf von Renaissancebaumeister Giacomo della Porta. In ihrem Innern sind schöne Fresken zu bewundern. Von Meistern des frühen Barock, darunter Cristoforo Casolani und Paris Nogari. Della Porta entwarf auch den Brunnen, der den Mittelpunkt der Piazza bildet und der ein beliebter Treffpunkt für Verabredungen ist.

So zum Beispiel, um von hier aus zu einem Einkaufsbummel zu starten. Zum Beispiel zum kuriosen Reiseladen L'impiccione viaggiatore in der Via della Madonna dei Monti: hier kann man Reisen kaufen, aber auch Bücher über das Reisen und Bildbände. Dazu werden Getränke serviert und abends kann man hier auch essen. Französische Mode gibt es in der Boutique Arcana Celestia und Escat ist ein kleiner, aber feiner Vintage Store mit eleganter Kleidung aus den sechziger bis achtziger Jahren. Kaja importiert argentinische Wollkleidung, geschätzt wegen ihrer ausgezeichneten Qua-

5

lität. Kimonos und andere gewänderartige Kleider führt La Brebis Noire in seinem Sortiment. Ein extravaganter Laden für Frauen, die das Ungewöhnliche lieben. Klassisch elegant ist die Mode bei Le Gallinelle. Die meisten der Blusen und Pullover sind Handarbeit. Eine echte Rarität in Rom ist der Shop Magica Tentazione, magische Verführung. Ein Erotikladen mit Kleiderabteilung.

Monti ist auch ein Delikatessenviertel mit hübschen kleinen Läden. Il Giardino del Tè ist eines der besten Teegeschäfte Roms und in der Bottega del Cioccolato dreht sich alles um die besten italienischen Schokoladenhersteller. Stammkunde soll hier der berühmte italienische Regisseur Nanni Moretti sein.

Das Atelier Monti ist einer der wenigen wirklich guten trendigen Einrichtungsläden Roms. Trendy ist auch die Mode von Francesco Estela, der in der Boutique Francois Vintagekleidung für den Mann aus den siebziger Jahren feilbietet. Wer Antikes mag, sollte bei Maria Teresa Gaudenzi in ihrem gleichnamigen Geschäft vorbeischauen, wo es Einrichtungs- und Designklassiker des 19. und 20. Jahrhunderts gibt.

Die Kirche S. Pudenziana wurde in den Räumen eines adligen Hauses aus dem Römischen Reich errichtet, in dem der heilige Petrus Gast gewesen sein soll. Bis in das 15. Jahrhundert hinein wurde sie immer wieder restauriert und umgebaut. Im Hauptschiff, dessen Dach von antiken Säulen getragen wird, ist ein Mosaik aus dem späten 4. Jahrhundert beachtenswert. Es zeigt Christus und die Apostel und ist ein schönes Beispiel der frühchristlichen Kunst.

Ein anderes Gotteshaus, dieses Mal aus dem späten Römischen Reich, ist S. Agata dei Goti. Die heutige Kirche ist ein Werk des

1 **Blühende Oleanderbüsche am Largo Visconti Venosta.** **2** **Ganz ohne Verkehr! Die Via degli Ibernesi.** **3** **Eine herrliche Dachwohnung an der Via Cavour.** **4** **Ein beliebter Treffpunkt der »Montesen« nach getaner Arbeit ist die Enoteca La Barrique, ...** **5** **... in der man zum Wein deftige Beilagen reicht.**

18. Jahrhunderts, aber das erste Gebäude stammt aus dem 5. Jahrhundert. Sie hat ihren Namen von römischen Bürgern, die Goten waren, und sie ist das einzige noch erhaltene Beispiel eines Kultortes, an dem man den arianischen Glauben praktizierte, der von der christlichen Kirche bekämpft wurde.
Die fast kerzengerade Via Panisperna führt zur Villa Aldobrandini. Villa bedeutet im Italienischen nicht nur Residenz, sondern auch Park und dieser Park wäre, wenn die Stadt Rom ihn pflegen würde, eine wirklich schöne Ruheoase direkt neben der stark befahrenen Via Nazionale. Der Minipark wurde Ende des 16. Jahrhunderts eingerichtet und verfügt über einen kleinen Palazzo mit einem Nymphäum und römischen Ruinen aus dem 1. Jahrhundert. Direkt vor dem Park und an der Via Nazionale gelegen steht der gewaltige Gebäudeblock der Banca d'Italia, der italienischen Notenbank. Für diesen Bau wurde ein ganzer Teil des Viertels Monti im späten 19. Jahrhundert abgerissen.

Ein herrliches Beispiel für die Kirchenbaukunst des 17. Jahrhunderts ist Ss. Domenico e Sisto, auch sie ein Werk von Giacomo della Porta und später weitergeführt von Orazio Torriani, der das Kirchenschiff in seiner aktuellen Ausführung entwarf. Ihre hoch aufragende und stark dekorierte Fassade wirkt wie ein barockes Bühnenbild. Leider ist das Portal in den barocken Innenraum geschlossen und man muss in der direkt neben der Kirche gelegenen päpstlichen Hochschule Ateneo Angelicum vorstellig werden, um jemanden zu finden, der den Schlüssel verwahrt.
Direkt an den Foren befindet sich der Zugang zur Casa dei Cavalieri di Rodi. Dieses Gebäude, das sich auf antiken Bauten erhebt, war früher einmal der Hauptsitz der Malteserritter. Das Bauwerk verfügt über eine prächtige Terrasse, von der aus man einen atemberaubend schönen Blick auf die Foren und das Kapitol genießen kann. Leider ist die Casa nur an einigen wenigen Tagen des Jahres geöffnet.
Die Straße, an der die Casa dei Cavalieri di Rodi liegt, heißt Salita del Grillo. Sie geht in die Via Tor de' Conti über. Eine Straße, die einen guten Einblick in die jahrtausendealte Geschichte Roms gibt. Wer von der Via Nazionale her kommt, sieht zunächst den Palazzo del Grillo, einen wegen seiner eleganten Stuckaturen an den Fens-

4

5

tern schönsten römischen Paläste des 18. Jahrhunderts. Es folgt der Torre del Grillo, ein Wehrturm aus dem 17. Jahrhundert. Das Viertel Monti ist an dieser Stelle durch antike Mauern von den ehemaligen Foren des kaiserlichen Roms getrennt. Gewaltige Mauern, die während der Zeit des Römischen Reiches errichtet worden waren, um die Foren vor dem damals in dem ärmlichen Viertel häufig ausbrechenden Feuer zu schützen.

Nicht weit entfernt bietet das Hotel Forum die vielleicht schönste Unterkunft im ansonsten hotelarmen Monti. Besonders zu empfehlen: die Gästezimmer in den oberen Stockwerken mit Blick auf die Foren und die Dachterrasse mit Restaurant. Der Panoramablick ist fantastisch!

Eine ganz besondere Kirche ist S. Pietro in Vincoli. Kaiserin Eudoxia, die Frau von Valentinian III., stiftete im 5. Jahrhundert den Bau dieses Gotteshauses, um darin jene Ketten aufzubewahren, die Petrus nach seiner Verhaftung in Jerusalem um die Handgelenke gelegt wurden. Ein Engel befreite Petrus von diesen Ketten und der Apostel konnte sich daraufhin nach Rom einschiffen. So weit die fromme Legende. Eine andere Geschichte erzählt hingegen, es handele sich um die Ketten, die Petrus im Mamertinischen Kerker in Rom getragen habe.

In dieser Kirche befindet sich das Grabmal von Nikolaus von Kues, einem der einflussreichsten Theologen des 15. Jahrhunderts. Er galt als der erste Humanist Deutschlands. Bekannt ist S. Pietro in Vincoli aber vor allem wegen eines anderen Grabmals. Papst Julius II. gab kurz nach seiner Wahl zum Vertreter Gottes auf Erden 1503 bei Michelangelo sein Mausoleum in Auftrag. Es sollte das gewaltigste seiner Zeit werden. Diese Aufgabe überstieg aber selbst die Kräfte eines Michelangelo, der bezüglich dieses Grabmals von der »Tragödie meines Lebens« sprach.

Michelangelo realisierte nur einen Teil der Anlage, die aber einen unvergesslichen Eindruck von der Schaffenskraft dieses Künstlers vermittelt. Die alles beherrschende Figur ist die des Moses, der von Michelangelo als energiegeladene Gestalt gezeigt wird.

Nach einem Bummel durch Monti gibt es zahlreiche Möglichkeiten, sich auszuruhen. Man sollte den Abend mit einem Aperitif beginnen. Am besten in der Enoteca La Barrique, einem der gemütlichsten Weinlokale der römischen Innenstadt. Zwischen 19 und 20 Uhr sind hier die Bewohner Montis unter sich. Ausgeschenkt werden gute regionale Weine.

Im F.I.S.H. geht es minimalistisch zu. Das elegante Fischlokal ist modern eingerichtet und bietet ausgezeichnete Rohfischgerichte

1–3 Ganz klassisch und mit Blick auf die antiken Foren: Hotel Forum.
4 Tees aus aller Welt im Giardino del Tè. **5** Boutique Arcana Celestia.
6 Porzellandesign im Giardino del Tè.

und Sushi. Nicht jedermanns Sache, aber die Qualität der Produkte ist garantiert fantastisch. Shams ist etwas für Eilige. Der Take-away bietet nordafrikanische Speisen, die man aus der Hand essen kann. Cavour 313 ist mit seiner rustikalen Holzeinrichtung nichts für Designpuristen, doch die Weinbar gehört zu den traditionellsten Roms. Ihr Weinkeller ist sehr gut bestückt, und zu den edlen Tropfen werden kalten Speisen serviert. Sehr lecker sind die Wurst- und Käseteller. In der Via Palermo befindet sich eines der besten japanischen Restaurants der Stadt. Das dooso ist vor allem im Sommer einladend. Es verfügt über einen kleinen und japanisch einfach eingerichteten Garten, in dem traditionelle Gerichte aus Nippon serviert werden.
Besonders schön ist Monti nachts, wenn die Straßen und Plätze ruhig sind. Das gelbliche Licht der Straßenlaternen sorgt dafür, dass viele Gassen wie Dekorationen aus einem Film der dreißiger und vierziger Jahren wirken. Nachtschwärmer können im Oppio Caffè einkehren. Die Cocktailbar im High-Tech-Stil ist bis morgens um halb vier geöffnet. Kleiner und gemütlicher ist die Too Bar, in der auch zu lateinamerikanischer und Afro-Musik getanzt wird.

Monti – ein Dorf inmitten der Weltstadt

Besichtigen

S. Pietro in Vincoli (Michelangelos Grabmal für Papst Julius II.).
S. Pudenziana (frühchristliche Kirche).
Madonna dei Monti (Barockkirche).
Ss. Domenico e Sisto (frühchristliche Kirche).
Casa dei Cavalieri di Rodi (Haus der Malteserritter).

Shoppen

Arcana Celestia, Via del Boschetto 127, 06-4823572 (Damenmode).
Escat, Via dell'Angeletto 10, 06-4745721 (Vintagemode).
Kaja, Via degli Zingari 62, 06-4882962 (argentinische Mode).
La Brebis Noire, Via del Boschetto 127, 06-4823672 (Damenmode).
Le Gallinelle, Via del Boschetto 76, 06-4881017 (Damenmode).
Il Giardino del Tè, Via del Boschetto 112a, 06-4746888 (Tee).

5

L'impiccione viaggiatore, Via della Madonna dei Monti 28, 06-6786188 (Kaffeebar mit Reisebuchladen).
Bottega del Cioccolato, Via Leonina 82, 06-4821473 (Chocolatier).
Atelier Monti, Via Panisperna 42, 06-47824314 (Designmöbel).
Francois Boutique, Via del Boschetto 3 (Vintagemode).
Maria Teresa Gaudenzi, Via del Boschetto 1b, 06-4744679 (modernes Einrichtungsantiquariat).

Übernachten

**** *Forum*, Via Tor dei Conti 25, 06-6792446 (komfortables Haus mit Dachterrasse).

Essen und Trinken

Enoteca La Barrique, Via del Boschetto 41b, 06-47825953 (Weinbar).
F.I.S.H., Via dei Serpenti 16, 06-47824962 (hippes Fischrestaurant).
shams, Via dei Serpenti 1, 06-48931004 (nordafrikanisches Fastfood).
Cavour 313, Via Cavour 313, 06-6785496 (historische Weinbar).
dooso, Via Palermo 51, 06-4815655 (japanische Küche).

Ausgehen

Oppio Caffè, Via delle Terme di Tito 72, 06-4745262 (gemütliche Bar).
Too Bar, Via Salita del Grillo 7, 347-7302123 (»in«-Bar).

6

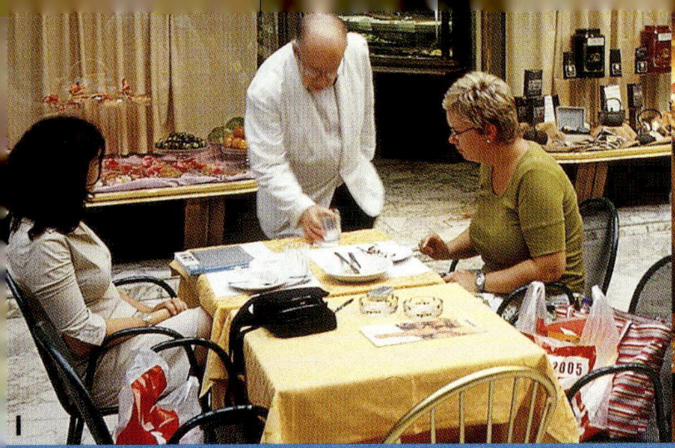
1

2

3

4

Zur Messe in die Kaiserthermen

Die Via Nazionale ist mehr als nur eine Durchgangsstraße

Via Nazionale: wo Michelangelo eine Kirche in eine Badeanstalt verwandelte, wo es viel antike Kunst, uralte Kirchen und Hotels voller Goldstuckaturen und zeitgenössischem Design zu besichtigen gibt.

S. Maria degli Angeli ist einer der faszinierendsten Orte Roms. Von außen sieht diese gewaltige Kirche ein wenig wie eine Ruine aus. Das liegt daran, dass sie in eine Ruine gebaut wurde, in die gigantischen Reste der größten Badeanlage der Antike, die Thermen des Kaisers Diokletian. Michelangelo nutzte das noch relativ gut erhaltene Tepidarium der Themenanlage als Hauptschiff der Kirche.

Im ehemaligen Kartäuserkloster in den Diokletiansthermen ist heute das Museo Nazionale Romano untergebracht, eine der bedeutendsten Antikensammlungen der Welt. Teil des Museums ist der ehemalige Klosterinnenhof – eine Ruheoase mit Säulenresten und Skulpturen aus dem antiken Rom. In der Sala della Minerva werden schöne Bronze- und Marmorskulpturen gezeigt. Darunter der lebensecht wirkende ausruhende Faustkämpfer. Seine Hände und seine Gesichtshaut zeigen Wunden, die er sich bei seinen Kämpfen zuzog.

Von der kreisrunden Piazza della Repubblica aus, die das Zentrum der Thermenanlage bildete und deren Zentralbrunnen immer noch von jenem Aquädukt gespeist wird, das schon vor 2000 Jahren das Wasser in die Badeanlage transportierte, geht es durch die Via E. Orlando zur Piazza S. Bernardo.

Der mächtige Wandbrunnen Fontana del Mose ist ein Werk des Barockkünstlers Domenico Fontana. An der Piazza erheben sich gleich drei Kirchen. S. Maria della Vittoria ist ein schönes Beispiel für den römischen Barock. In ihrem verschwenderisch mit mehrfarbigem Marmor geschmückten Innenraum steht in einer Seitenkapelle eines der Hauptwerke von Gian Lorenzo Bernini: die von einem göttlichen Pfeil durchbohrte Teresa von Avila. Die weltberühmte Skulptur zeigt die 1582 geheiligte Mystikerin im Moment religiöser Ekstase.

Die Fassade von S. Susanna stammt von Carlo Maderna. S. Bernardo alle Terme wurde in einen der vier Rundtürme gebaut, die die Ecken der Diokletiansthermen bildeten. Im Innern finden sich schöne Grabmonumente des 17. Jahrhunderts.

1 Sizilianische Konditorkunst vom Feinsten: Café Dagnino. **2** Bar des St. Regis Grand Hotel. **3 und 4** Wo einst die antiken Thermen standen: Brunnen auf der Piazza della Repubblica.

1 Lobby und Bar im luxuriösen Hotel St. Regis Grand. **2** Wo einst Maria Callas nächtigte: Suite im Hotel Quirinale. **3** Aus Michelangelos Kloster wurde das Museo Nazionale Romano. **4** Ein Zaun aus Skulpturen- und Säulenresten. **5** Geheimtipp für Fußballfreaks: Calcioitalia!

Die Via Nazionale ist eine kerzengerade Straße, die zur Piazza Venezia führt. Diese Straße wurde nach der italienischen Staatseinigung angelegt und so zeigen fast alle Gebäude Gründerzeitfassaden. Ein Geschäft reiht sich an das andere, vor allem preiswerte, die in der Regel keine große Qualität bieten. Ausnahmen bildet Elena Mirò, wo es Mode für fülligere Frauen gibt. Calcioitalia ist ein Laden für Fußballfans. Hier gibt es Trikots von allen wichtigen italienischen und ausländischen Clubs.

Auf halber Strecke der Via Nazionale erinnert die Kirche S. Vitale an antike Zeiten als das Bodenniveau im Gebiet noch wesentlich tiefer lag als heute. Im Jahr 412 weihte Papst Innozenz I. die ursprünglich dreischiffige Basilika, die nach vielen Umbauten zu den architekturgeschichtlich interessantesten und am wenigsten besuchten Roms gehört. Man steigt eine steile Treppe zum Eingang hinab und betritt eine stille Welt.

An und bei der Via Nazionale liegen schöne Hotels. Das St. Regis Grand ist eines der beeindruckendsten Belle-Époque-Häuser Roms. Viel Stuck und Gold, Säulen und schwere Vorhänge. Luxus pur mit einem Fitnessclub, der zu den bestausgestatteten der Stadt gehört. Schön ist es, einen Kaffee oder Tee in der prunkvoll gestalteten Bar zu nehmen. Das Hotelrestaurant Vivendi gilt als eine ausgezeichnete Adresse für kreativ angehauchte Traditionsgerichte.

Schräg gegenüber dem Hotel befindet sich Libro e Vino, eine Buchhandlung, die sich auf Weinbücher spezialisiert hat und wo man auch Wein kaufen kann. Das Dagnino ist gleichermaßen Bar und Konditorei. Ausgezeichnet sind die sizilianischen Leckereien und die große Auswahl an Weinen von der süditalienischen Insel. Direkt gegenüber vom St. Regis führt Feltrinelli International alle wichtigen Zeitschriften aus Europa und den USA.

Das Exedra an der Piazza della Repubblica ist ein Grandhotel, jedoch neueren Datums. Der Mix aus traditionellem und modernem Design ist nicht jedermanns Sache, aber die Bar und das schicke Restaurant Sensus auf dem Dach, wo sich auch ein Pool befindet, sind in ihrem Design beeindruckend. Gleich um die Ecke in der Via Nazionale befindet sich das traditionelle Hotel Quirinale. Hier wohnen alle Gesangsstars, die im nahen Opernhaus auftreten. Maria Callas war Stammgast.

Das Hotel verfügt über einen palmenbestandenen Innenhof, wo man sommers unter einer Pergola im hoteleigenen Restaurant Rossini essen kann. Die Küche ist fantastisch. Der Chef kocht auch

Gerichte, die von Opernkomponist Gioacchino Rossini, einem berühmten Feinschmecker, kreiert wurden.

Interessant für Designfreaks ist das Hotel Mediterraneo. Errichtet im sachlichen Stil des italienischen Faschismus bietet es Säle und einige Gästezimmer, die noch komplett nach dem Geschmack des Art déco eingerichtet sind. Auf dem Dach lädt eine Panoramaterrasse an heißen Tagen zu Drinks mit Blick auf die Stadt ein.

Die Via Nazionale – mehr als eine Durchgangsstraße

Besichtigen

Piazza S. Bernardo (mit gleich drei Kirchen).
S. Vitale (frühchristliche Kirche).
S. Maria degli Angeli (Michelangelos Kirche).
Museo Nazionale Romano (das Nationalmuseum für antike Kunst).
Terme di Diocleziano (Thermenmuseum).
Fontana del Mose (barocke Brunnenwand).

Shoppen

Elena Mirò, Via Nazionale 197, 06-4823881 (Mode für mollige Frauen).

5

Calcioitalia, Via Nazionale 251b, 06-483463 (Fußballgeschäft für Sportbegeisterte).
Benessere Exedra, Piazza della Repubblica 47, 06-48938465 (Wellness-Center).
Feltrinelli International, Via E. Orlando 84, 06-4827878 (internationales Buch- und Zeitschriftengeschäft).

Übernachten

***** *St. Regis Grand Hotel*, Via E. Orlando 3, 06-47091 (Grandhotel).
**** *Hotel Quirinale*, Via Nazionale 7, 06-4707 (klassischer Komfort mit grünem Innenhof).
**** *Hotel Exedra*, Piazza della Repubblica 47, 06-489381 (Designhotel).

Essen und Trinken

Sensus, Piazza della Repubblica, 06-48938044 (Designrestaurant).
Libro e Vino, Via Torino 95, Galleria Esedra, 06-4881473 (Buch- und Weinhandlung).
Dagnino, Via E. Orlando 75, Galleria Esedra, 06-4818660 (sizilianische Konditorei und Bar).
Vivendi del St. Regis Grand Hotel, Via E. Orlando 3, 06-47092736 (elegante italienische Küche).
Rossini, Hotel Quirinale, Via Nazionale 7, 06-4707 (traditionelle Küche).

1

2

3

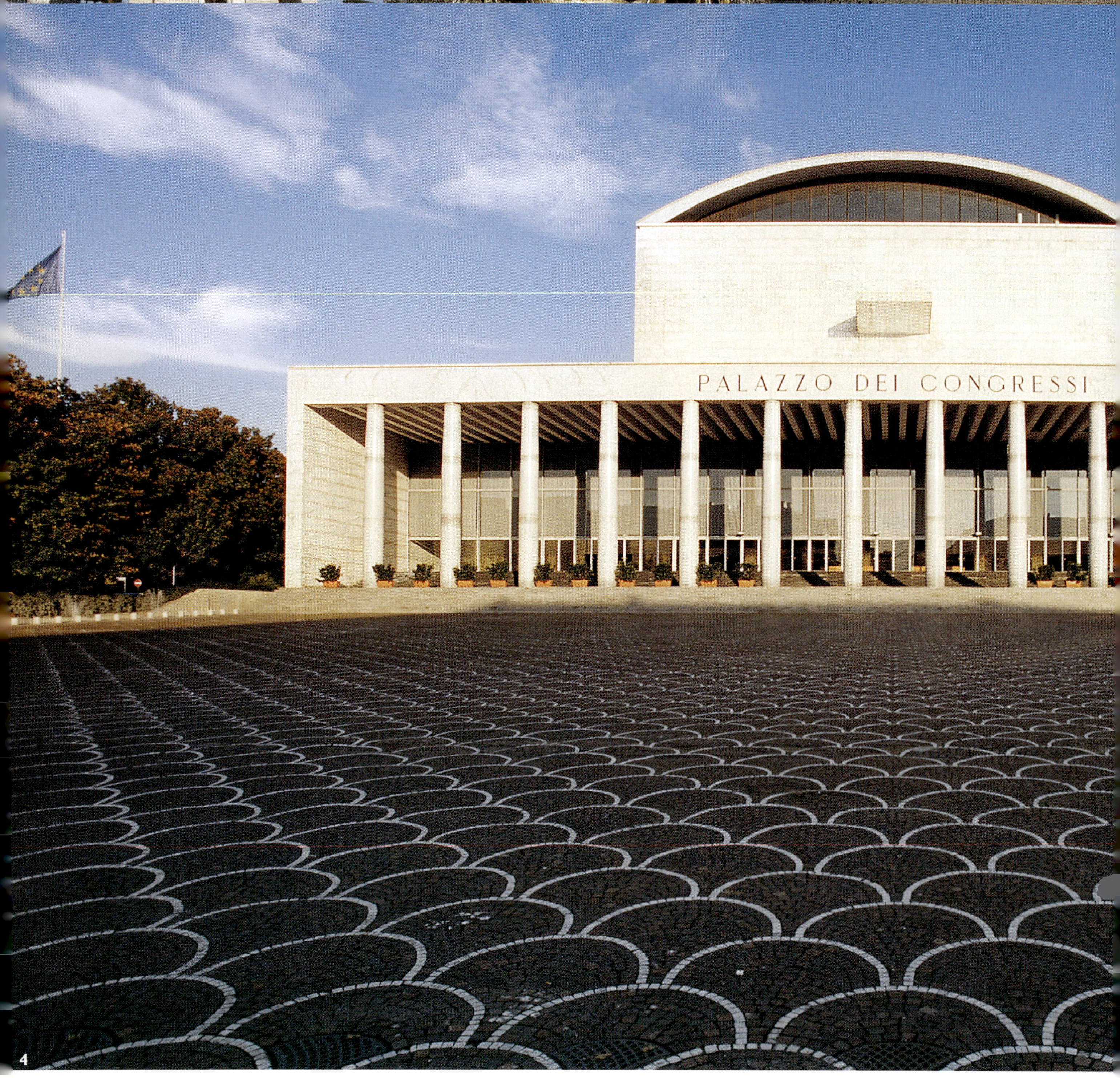

4

Das neue Rom

EUR und Ostiense – auf Entdeckungstour in Roms Süden

EUR und Ostiense: wo Mussolini ein neues Rom errichten wollte und Architekturfreaks auf ihre Kosten kommen, wo es nachts ganz besonders hoch hergeht und wo antike Skulpturen in einem Elektrizitätswerk stehen.

Ein für Rom ungewöhnlicher Ort. Niemand würde die Centrale Montemartini aufsuchen, wenn er nicht wüsste, dass es dort etwas wirklich Interessantes zu sehen gibt. In den großen Sälen dieser ehemaligen Energiefabrik stehen einige Dutzend der schönsten römischen Skulpturen Roms. Direkt neben den eisernen Giganten aus der ersten Hälfte des letzten Jahrhunderts schauen den Betrachter gut gebaute Männer und Frauen an, deren marmorne Haut sich zu bewegen scheint, so echt wirken sie auf den ersten Blick.

Die Centrale liegt im Süden Roms, der von Touristen nur selten besucht wird. Und das ist sicher ein Fehler, denn es gibt Ungewöhnliches zu besichtigen.

Mit der U-Bahn ist die Basilica di S. Paolo fuori le Mura gut zu erreichen. Bis zum Bau von Sankt Peter war diese Kirche die größte der Christenheit. Sie gehört zu den wichtigsten Pilgerkirchen der Ewigen Stadt und wurde dem Apostel Paulus geweiht, der im Jahr 67 ungefähr zwei Kilometer weiter südlich enthauptet wurde. Kaiser Konstantin errichtete über dem Grab und der schnell entstandenen Gedenkstätte eine erste Kirche, die jedoch schon 386 abgetragen und durch eine fünfschiffige Basilika nach dem Vorbild von Alt-St. Peter ersetzt wurde.

1823 brannte die 131 Meter lange und 65 Meter breite Kirche nieder und wurde originalgetreu wiederaufgebaut. Das weite Mittelschiff ist ganz im frühchristlichen Stil errichtet und 80 jeweils aus einem Stück gefertigte Granitsäulen gliedern den Innenraum. Die durch den Brand zerstörten Fresken wurden durch neue ersetzt, was der Kirche nicht unbedingt zuträglich ist. Doch der gewaltige Eindruck des Gotteshauses und der gesamten Anlage lohnt auf jeden Fall einen Besuch. Beachtenswert ist der Altar-Baldachin von Arnolfo di Cambio aus dem 13. Jahrhundert sowie der 5,6 Meter hohe Osterleuchter aus dem 12. Jahrhundert, der mit einem aufwendig geschmückten Reliefband geschmückt ist.

1 Selbst Kirchen ließ der Duce im neuen Baustil errichten: die Basilika Ss. Pietro e Paolo ist zur Viale Europa hin ausgerichtet. **2** Altarrelief in Ss. Pietro e Paolo. **3** Dynamisch fotografiert: der Palazzo della Civiltà del Lavoro. **4** Von Le Corbusier bewundert: der Palazzo dei Congressi.

1 Roms eckiges Kolosseum: der Palazzo della Civiltà del Lavoro. **2** Piazzale delle Nazioni Unite. **3** In der Abbazia delle Tre Fontane soll Paulus den Märtyrertod gestorben sein. **4** Centrale Montemartini: Antike im E-Werk.

Der Kreuzgang aus dem 13. Jahrhundert ist wegen seiner fantasiereich gestalteten Säulen einer der schönsten Mittelitaliens. Mit der U-Bahn geht es weiter nach EUR. Dieses Viertel ist ein Dorado für Architekturliebhaber!

EUR ist die Abkürzung für Esposizione Universale di Roma. Auf dem bis dato unbebauten Gelände südlich der Innenstadt wollte der faschistische Diktator Benito Mussolini einen neuen Stadtteil errichten. Nach den Prinzipien der faschistischen Architektur und das hieß: großartig, gewaltig und mit breiten Paradestraßen. Das hieß aber auch mit viel Grün, denn im Unterschied zur Bauweise, die das Hitlerregime bevorzugte, war dem Duce daran gelegen, den von ihm beschworenen neuen faschistischen Menschen menschenwürdigen Wohnraum zu verschaffen. Und das bedeutete für die Baumeister Mussolinis, dass sie weite Grünflächen in den auf dem Reißbrett entworfenen neuen Stadtteil integrieren mussten und dass die Gebäude nicht zu dicht nebeneinander stehen sollten.

In EUR sollte 1942 die Weltausstellung stattfinden, doch der Zweite Weltkrieg machte dem Duce einen Strich durch die Rechnung. Erst 1950 wurden die Arbeiten an diesem Stadtviertel unter Leitung des Architekten Virgilio Testa wieder aufgenommen.

Le Corbusier und andere moderne Architekten sahen und sehen in den schachbrettartig angelegten Straßen und Plätzen, den Parks und palmenbestandenen Alleen ein richtungsweisendes Beispiel für modernen Städtebau.

Nachts ist das gut ausgeleuchtete EUR besonders schön. Wer hier auch schlafen will, dem sei das Viersternehotel Shangri La Corsetti empfohlen. Ein komfortables Haus mit Swimmingpool. EUR bietet auch interessante Geschäfte. Roberta Bocchetta führt in ihrer Boutique Dubler ausgewählte Modemacher und elegante Damenmode gibt es bei Pepe. Ausschließlich US-Mode verkauft U.S.A.TO. Bei Il Gelato gibt es über 100 verschiedene Eissorten, und Le Sommelier gilt als eines der besten Weingeschäfte Roms. Schokoladenfans kommen bei »Dulcis in Fundo« voll auf ihre Kosten und feine Pastaspezialitäten aus Apulien zum Mitnachhausenehmen bereitet »Puglia« Pasta zu.

3

4

Der Besucher sollte sich einfach treiben lassen – von einem Prachtbau zum anderen. Am beeindruckendsten ist sicherlich der Palazzo della Civiltà del Lavoro. Er wird von den Römern auch viereckiges Kolosseum genannt. Ein würfelartiges Gebäude mit 216 Bogenfenstern. Der Palazzo dei Congressi ist eine gelungene Mischung aus faschistischem Rationalismus und der klassischen Moderne der fünfziger Jahre. Gigantische Fresken schmücken das Atrium mit seinen 14 mächtigen Säulen.

In einigen Prachtbauten der faschistischen Epoche sind Museen untergebracht. Auch wenn sie museumsdidaktisch den fünfziger und sechziger Jahren entsprechen, besitzen sie einmalige Schätze. Wie das Nationalmuseum für Volkskunst und das Ethnografische Nationalmuseum Luigi Pigorini. Das Museum für das hohe Mittelalter gehört mit seinen Beständen sicherlich zu den wichtigsten seiner Art in Europa.

Beeindruckend ist aber vor allem das Museo della Civiltà Romana. Anhand von zum Teil originalgroßen Reproduktionen wird der Besucher in die Lebensweise der antiken Römer eingeführt. Zu den Schätzen dieses Museums gehört das Reliefband der Trajanssäule, die auf dem Forum Romanum steht. Die originalgroße Kopie dieses Reliefbandes zieht sich Dutzende von Metern lang durch die Säle. Umwerfend ist auch das größte existierende Modell der Stadt Rom im Maßstab 1:250, das die antike Weltstadt zur Zeit Kaiser Konstantins zeigt.

Die Kirche Ss. Pietro e Paolo aus den dreißiger bis fünfziger Jahren besticht durch ihre Dimensionen: 72 Meter hoch und mit einem Kuppeldurchmesser von 28 Metern. Von großer Eleganz ist auch der Palazzo dello Sport, den Luigi Nervi und Marcello Piacentini in den späten fünfziger Jahren errichten ließen, zwei Architekten, die die faschistischen Ideen modernen Bauens auch nach dem Krieg weiterführten. Die Kuppel dieses Sportpalastes, in dem 16 000 Besucher Platz finden, hat einen Durchmesser von 100 Metern.

Mittelalterlich wird es wieder in der nicht weit von EUR gelegenen Abbazia delle Tre Fontane. Ihre Entstehung verdankt diese Abtei einer frommen Legende. Bei der Enthauptung des Apostels Paulus schlug dessen Kopf dreimal auf dem Boden auf und es entsprangen genau an diesem Ort drei Quellen. Jene drei Quellen, die der Abtei ihren Namen gaben.

1 Centrale Montemartini: Gruppe mit Satyr und Nymphe (Kopie). **2** Das Restaurant des Shangri Là Corsetti … **3** … sowie die großzügige Lobby des Shangri Là Corsetti. **4** Blick durch den Eingang der Basilica Ss. Pietro e Paolo. **5** Ausgehtipp: Bliss Dinner Club.

Zum Kloster gehören drei Kirchen des Mittelalters. Die dort lebenden Trappisten sind berühmt für ihren hausgemachten Likör und die ausgezeichnete Schokolade.

Apropos Essen und Trinken: der Süden Roms bietet viele authentische Adressen. Wie die traditionelle Trattoria Zampagna oder Al biondo Tevere, seit den Zeiten von Pier Paolo Pasolini bei Künstlern sehr beliebt, wo lokale Spezialitäten serviert werden. Kreativ wird im Doppio Zero gekocht, und im eleganten und am See in EUR gelegenen Chalet al Lago kommen klassische italienische Gerichte auf den Tisch. Pizza mit Panoramablick gibt es im Turmlokal Gran Caffè Il Fungo. Hauchdünne neapolitanische Pizzen kommen in Estrobar aus dem Ofen und in der Città del Gusto gibt es neben einer Pizzeria, wo auch Steaks serviert werden, eine Weinbar, in der kleine Gerichte zu verschiedenen offenen Weinen kredenzt werden. Wegen der Terrassen ist diese Adresse vor allem an heißen Sommerabenden besonders reizvoll.

Besonders reizvoll ist an Sommerabenden auch die große Terrasse der Osteria del Gambero Rosso in der Via E. Fermi. Diese Osteria, die Pizzen und Fleischgerichte serviert, gehört zum größten italienischen Gastrobuchverlag Gambero Rosso, dessen gastronomische und önologische Reiseführer auch ins Deutsche übersetzt werden. In dem großen und neuen Gebäude, der sogenannten Città del Gusto, der Stadt des Geschmacks, zu dem diese Osteria gehört, werden auch Minikochkurse für interessierte Romtouristen angeboten.

Der Süden Roms bietet vor allem im Stadtteil Ostiense ausreichend Nachtleben. Im Nazca und im Alpheus wird bis tief in die Nacht hinein getanzt. Lounge-Atmosphäre kann man im Goa Club genießen und die Destillerie Clandestine gilt als eine der besten Cocktailbars im Süden. Im Bliss Dinner Club finden sich unter einem Dach ein Restaurant und eine Cocktailbar. Neu und bereits hip ist das Chill-out-Lokal So. Loft ist ebenfalls ein neuer Musikclub, in dem vor allem House zu hören ist. Wer softe Musik bevorzugt, sollte das Jaskira ausprobieren. Interessant ist der Linuxclub: ein Multi-Kulturzentrum mit ständig wechselnden Kultur- und Musikprogrammen.

EUR und Ostiense – Roms unbekannter Süden

Besichtigen
Palazzo della Civiltà del Lavoro (viereckiges Kolosseum). *Palazzo dei Congressi* (Kongresspalast). *Chiesa di Ss. Pietro e Paolo* (Kirche aus faschistischer Zeit). *Museo della Civiltà Romana* (Museum der altröm. Kultur). *Abbazia delle Tre Fontane* (mittelalterliche Abtei). *Centrale Montemartini* (Antikenmuseum). – *Basilica di San Paolo fuori le Mura* (Grabeskirche des heiligen Paulus).

Shoppen
Dubler, Via Cristoforo Colombo 223, 06-5134314 (Damenmode). – *Pepe*, Viale Beethoven 68, 06-5910540 (Outlet-Mode). – *U.S.A. TO,* Via Aristide Leonori 122, 06-5417688 (für Liebhaber US-amerikanischer Mode). – *Il Gelato*, Viale dell' Aeoronautica 105 (Eisladen). – *Le Sommelier*, Viale Europa 21, 06-5923300 (Weingeschäft). – *Dulcis in Fundo*, Via Carlo Tommaso Odescalchi 13, 06-5120061 (Schokolade). *Puglia Pasta*, Piazza Accademia Antiquaria 14, 06-5940102 (Nudelgeschäft).

Übernachten
**** *Shangri La Corsetti*, Viale Algeria 141, 06-5916441 (komfortable und ruhige Unterkunft).

Essen und Trinken
Zampagna, Via Ostiense 179, 06-5742306 (traditionelle Küche). *Gran Caffè Il Fungo*, Piazza Pakistan 1, 06-5921433 (Aussichtscafé). *Chalet al Lago*, Viale America 288, 06-5913743 (elegantes See-Restaurant). *Al biondo Tevere*, Via Ostiense 178, 06-5741172 (Künstler-Trattoria).

Doppio Zero, Via Ostiense 68, 06-57301961 (kreative Küche). – *Estrobar*, Via Pellegrino Matteucci 20, 06-57289141 (gute Pizzeria). – *Osteria del Gambero Rosso*, Via Enrico Fermi 161, 06-55112277 (Pizzen und Fleischgerichte).

Ausgehen
Nazca, Via del Gazometro 40, 06-5747638 (Disko). *Alpheus*, Via del Commercio 36, 06-5747826 (Disko). *Goa Club*, Via Giuseppe Libetta 13, 06-5748277 (Disko und Lounge-Bar). *Destillerie Clandestine*, Via Giuseppe Libetta 13, 06-57305102 (Lounge-Bar). *Jaskira*, Via Ostiense 110/g, 338-27177710 (Musikbar). *So*, Via Giuseppe Libetta 3, 06-57250609 (Chill-out-Musik). *Bliss Dinner Club*, Via Ostiense 131h, 06-5783146 (Restaurant und Lounge). *Linuxclub*, Via Giuseppe Libetta 15, 06-57250551 (Kulturzentrum).

Erstaunlich gut erhaltene antike Wasserleitung bei Tarquinia.

RUND UM ROM

1

2

3

4

Entlang der ältesten Straße der Welt ...

Zwischen Antike und Gegenwart – im Südosten von Rom

Via Appia Antica: wo Petrus den Gottessohn traf, wo es noch die echt römische Campagna gibt, wo riesige Grabmäler neben monumentalen Ruinen stehen und wo ein antiker Friedhof zu besichtigen ist.

Sie kann ungemein idyllisch sein. An einem Sommermorgen beispielsweise. Oder an einem Spätnachmittag, wenn die Sonne langsam hinter den Grabmälern, den Zypressen und Schirmpinien untergeht. Dann wirkt sie wie auf Landschaftsgemälden aus dem späten 19. Jahrhundert.

Die Via Appia Antica ist nicht nur die älteste Straße der Welt, sondern auch die schönste. Immer noch, auch wenn illegale Bauherren nichts unterlassen haben, vor allem in den fünfziger Jahren, um direkt an dieser Königin der Straßen ihre Villen zu errichten. Luxusvillen, die heute, zum Glück, hinter viel Grün versteckt und von der Straße aus so gut wie nicht mehr zu sehen sind.

Wer in Rom mit einem Auto unterwegs ist, sollte von der Piazzale Numa Pompilio bei den Caracallathermen die Via di Porta San Sebastiano nehmen. Eine Straße wie aus dem Bilderbuch: rechts und links alte und mit Efeu bewachsene Mauern und Eingänge in versteckt gelegene Villen. Dann die Porta San Sebastiano, eines der schönsten und am besten erhaltenen römischen Stadttore. Kurz vor dem Tor sollte man rechterhand parken und sich die Steinquader bei der Tordurchfahrt genauer anschauen. Pilger aus Mittelalter und Barock haben Graffiti in den Stein geritzt.

Die Porta ist auch der Eingang ins Museo delle Mura, das Mauermuseum. Einige hundert Meter des Verteidigungswalls sind restauriert worden und vermitteln einen lebhaften Eindruck davon, welche Mühen es den antiken Soldaten bereitet haben muss, durch die niedrigen Gänge zu krabbeln.

Jenseits der Porta beginnt die Via Appia. Noch ist sie nicht verkehrsberuhigt und mit dem Wagen sollte man bis zu der kleinen Kirche Domine quo vadis fahren. An dieser Stelle soll Petrus, der Rom aus Angst vor dem Martyrium verlassen wollte, einen stadteinwärts gehenden Mann gefragt haben »Domine, quo vadis?« – »Herr, wohin gehst du?« Der Mann antwortete: »Ich gehe, um mich ein zweites Mal kreuzigen zu lassen.« Petrus erkannte in dem Unbekannten Jesus und kehrte unverzüglich nach Rom zurück.

1 Schon damals verkehrsgünstig gelegen: die ehemalige Pferderennbahn von Kaiser Maxentius. **2** Antike Tote grüßen den Besucher. **3** Einfach romantisch: Zimmer im »Relais Horti Flaviani«. **4** Schön, weil Autos verboten sind: die Via Appia im Morgenlicht.

1 Grandiose Ruinen der Villa dei Quintili. **2** Fast wie eine Burg: das Grabmal der Cecilia Metella. **3** In der Burganlage Caetani beim Cecilia-Metella-Grabmal gibt es antike Skulpturen ... **4** ... und verlassene Räume zu besichtigen. **5** »Geflicktes« Grabmal an der Via Appia.

Hinter der Kirche dürfen Autos nicht mehr über die Via Appia fahren. Theoretisch jedenfalls, denn nach Einbruch der Dunkelheit fahren viele römische Männer zu ganz bestimmten antiken Grabmälern, bei denen käufliche Damen ihre Dienste anbieten.
Die Via Appia wurde ab 312 v. Chr. vom Censor Appius Claudius Caecus errichtet. Zunächst diente sie militärischen Zwecken, verband sie doch Rom zunächst nur mit dem wichtigsten Bündnispartner im 200 Kilometer südlich gelegenen Capua. Später, nachdem sie bis Brindisi verlängert worden war, als die Römer ganz Italien beherrschten, diente die Straße auch als Handelsweg. Den alten Römern war es untersagt innerhalb der Stadtmauern Gräber zu errichten. So bauten sie sich, vorausgesetzt sie hatten das nötige Geld dazu, Grabmäler rechts und links der Via Appia. So war diese Straße in der Antike von Mausoleen gesäumt. Wie groß diese sein konnten, davon kann man sich bei einem Spaziergang über die Via Appia einen Eindruck verschaffen.

5

Zunächst aber sollte man unbedingt die Domitilla-Katakomben besuchen. Sie befinden sich in der Nähe des Mahnmals der Fosse Ardeatine, eines Denkmals, das daran erinnert, dass deutsche Soldaten 1944 in dieser Grotte 335 unschuldige Römer aus Rache für ein antifaschistisches Attentat ermordeten.
Auch die Calixtus-Katakomben sind faszinierend. Sie liegen bei der Kirche S. Sebastiano ad Catacumbas im Erdreich. Unterhalb dieser Basilika befinden sich drei ganz mit Fresken ausgemalte und mit Stuck geschmückte antike Kammern. Spannend sind auch die Catacombe di S. Callisto. In ihnen sind 16 Päpste und 50 Märtyrer der frühen christlichen Kirche begraben. Es gibt sogar eine eigene unterirdische und beeindruckende Krypta, die sogenannte Regione dei Papi, in der in aufwendig geschmückten Grüften Päpste des 1. Jahrtausends n. Chr. ihre letzte Ruhestätte gefunden haben.
Etwas weiter auf der Via Appia dehnt sich linkerhand ein riesiges Ruinenfeld aus. Es handelt sich dabei um die Reste der gigantischen Villa di Massenzio von Kaiser Maxentius aus dem späten 3. Jahrhundert. Der dazu gehörige Circus des Maxentius war eine Pferderennbahn und konnte bis zu 20 000 Zuschauern Platz bieten. Sie ist gut erhalten.
Das Grabmal der Cecilia Metella wirkt wie eine Burg. Das kreisrunde Mausoleum war eines der Lieblingsmotive romantischer Landschaftsmaler, die die römische Campagna erkundeten, jene um Rom gelegene Landschaft, die bis ins späte 19. Jahrhundert hinein noch vollkommen unbebaut war.
Cecilia Metella war eine vornehme römische Dame. Ihr Grab erhebt sich auf einem quadratischen Sockel und verfügt über einen 20 Meter hohen zylindrischen Turm. Im Mittelalter wurde er mit Zinnen versehen und diente als Verteidigungsanlage.
Rund fünf Kilometer kann der Rombesucher über die antike Straße wandern. Teilweise wurde der römische Bodenbelag freigelegt. Heute wirkt er uneben, aber vor rund 2000 Jahren scheint die Via Appia eine Art Highway gewesen zu sein, über den täglich Tausende von Karren rollten. Mit den Jahrhunderten gruben sie Rinnen in die Pflastersteine aus Basalt. Die Oberfläche der römischen Straße ist leicht gekrümmt. So konnte das Regenwasser ablaufen und bildete keine Pfützen.
Bis zum Ende des Römischen Reiches war von den Römern in ganz Europa ein rund 85 000 Kilometer langes Straßennetz errichtet worden. Die Straßen trugen zum Machterhalt des Imperiums

1 und 2 Gräber aus der Calixtus-Katakombe. **3** S. Sebastiano oberhalb der antiken Katakomben. **4** Anstelle einer Reliquie: Skulptur, die den heiligen Sebastian darstellt. **5** Holzstatue des heiligen Sebastian an der Decke der Kirche S. Sebastiano. **6** Zimmer des Relais Horti Flaviani. **7** Lobby des Relais Horti Flaviani.

bei, denn sie verkürzten die Reise- und Transportzeiten gewaltig. Errichtet wurden sie von Sklaven und Soldaten.

Die beeindruckendste Ruine an der Via Appia Antica ist die Villa der Quintilier. Ihre Reste sind so mächtig, dass sie im römischen Volksmund »Roma vecchia« – »Alt-Rom« genannt werden. Die Villa hatte die Ausdehnung einer Ministadt und verfügte über einen so großen Luxus, dass Kaiser Commodus die Besitzer, die Brüder Maximus und Condinus Quintilius, kurzerhand ermorden ließ, um Eigentümer des Anwesens zu werden. Die Villa ist nicht von der Via Appia aus zu erreichen, sondern durch die Via Appia Pignatelli, die parallel verläuft.

Die von der Via Appia Antica bei Kilometer 2 abzweigende Via Appia Pignatelli führt ins Stadtviertel Tuscolano, das in den fünfziger Jahren errichtet wurde. In diesem Viertel wurde vor einigen Jahren der Parco degli Acquedotti eingerichtet. Ein Park, durch den ein erstaunlich gut erhaltenes antikes Aquädukt führt. Hier kann man noch erahnen wie idyllisch die römische Campagna einmal gewe-

sen ist. Die Via Tuscolana, die auch eine antike Straßengründung ist, führt zurück in die Innenstadt. Bei der Hausnummer 2086 befindet sich der Eingang in eines der besten Fischrestaurants von Rom. »Ostrica« bietet vor allem sardische Fischspezialitäten.
Etwas weiter stadteinwärts stößt man auf eine archäologische Perle, die von vielen Rombesuchern gar nicht beachtet wird. Von der Innenstadt aus ist sie bequem mit der U-Bahn zu erreichen. Man steigt bei der Station Arco di Travertino aus und nimmt dann einen Bus.
Der Parco delle Tombe della Via Latina ist ein antiker Friedhof, der der Bauwut der Nachkriegszeit wie durch ein Wunder nicht zum Opfer gefallen ist. Auf dem einige Hektar großen Terrain erheben sich Grabmäler, die zu den schönsten Roms gehören. Darunter die Tomba dei Valeri mit herrlichen Stuckaturen.
Nur wenige Minuten von der U-Bahn-Station Arco di Travertino entfernt befindet sich eine der besten Trattorien Roms. Die »Osteria del Velodromo Vecchio« ist klein und gemütlich und die selbst gemachten Nudeln sowie die Fleischgerichte sind einfach, aber ganz ausgezeichnet. Reservieren ist unerlässlich, denn viele Römer kommen aus anderen Stadtteilen, um hier römische Leckereien zu essen.

Via Appia Antica – entlang der ältesten Straße der Welt

Besichtigen
Porta S. Sebastiano (antikes Stadttor).
Chiesa del Domine Quo Vadis (frühchristliche Kirche).
Catacombe di S. Callisto (Katakombe des Calixtus).
S. Sebastiano und Catacombe di S. Sebastiano (Pilgerkirche mit Katakomben).
Villa di Massenzio (antike Villa).
Tomba di Cecilia Metella (eines der größten Gräber).
Villa dei Quintili (riesige Villenruine).

7

Parco degli Acquedotti (Stadtpark mit einer antiken Wasserleitung).
Museo delle Mura (Museum der antiken Stadtmauer).

Essen und Trinken
Ostrica, Via Tuscolana 2086, 06-7232540 (Fisch- und Meerestiere).
Osteria del Velodromo Vecchio, Via Genzano 139, 06-7886793 (Familien-Trattoria).

1

2

3

4

Sommerfrische in den Albaner Bergen

Wälder, Orte und Frascatiweine – die Castelli Romani

Die Castelli Romani: wo schon die alten Römer ihre Sommerfrische verbrachten und der Papst über einen eigenen Pool verfügt, wo aus Kratern Seen wurden und wo ausgezeichnete Weine gekeltert werden.

Nicht erst Roms Kirchenfürsten und Päpste entdeckten die Hügel südöstlich von Rom als Naherholungsgebiet. Schon die gut betuchten Römer der Antike ließen sich Villen errichten, um dem antiken Smog ihrer Hauptstadt zu entkommen. Die Via Appia machte es schon vor 2000 Jahren möglich, dass man relativ schnell in diese luxuriösen Ferienhäuser gelangte.

Die Castelli Romani sind eine Gruppe von ursprünglich nur Burgen römischer Adelsfamilien und Päpste, heute von Ortschaften, die in den Colli Albani liegen, in den Albaner Bergen, die man entweder mit dem Wagen oder aber von der U-Bahn-Station Anagnina aus mit Linienbussen erreicht. Diese Berge sind vulkanischen Ursprungs. Gut sichtbar ist das beim Nemisee, dem Lago di Nemi, und beim See von Castel Gandolfo, dem Lago Albano. Noch heute wirken sie wie Krater, auch wenn sie mit Bäumen bewachsen sind. Die Albaner Berge, deren höchster der fast 1000 Meter hohe Monte Cavo ist, sind in den letzten Jahrzehnten stark bebaut worden. Doch immer noch wirken sie in weiten Teilen ländlich und zum Teil auch idyllisch. Zu empfehlen ist eine Rundfahrt durch die Berge zu den Castelli Romani, den kleinen und sehenswerten Ortschaften.

Da ist zunächst einmal Frascati. Bei klarem Wetter sieht man von der Piazza Marconi aus bis nach Rom und sogar die Kuppel der Peterskirche. Im 15. Jahrhundert ließen sich in der Umgebung von Frascati wohlhabende Kardinäle prächtige Villen errichten. Viele davon wurden während alliierter Bombenangriffe im Zweiten Weltkrieg zerstört. Bei Frascati hatten auch so illustre Römer wie Lucullus und Cicero ihre Landhäuser.

Die schönste der noch erhaltenen Villen ist die Villa Aldobrandini. Mit ihrem Bau begann Renaissancearchitekt Giacomo della Porta 1598. Barockstars wie Carlo Maderna und Giovanni Fontana beendeten das Bauwerk, dessen Innenräume prächtig mit Fresken ausgemalt sind. Diese Villa ist häufig Drehort für Fernseh- und Kinofilme und wer sie besichtigt, wird verstehen warum. Im Sommer

1 Speisesaal des Hotel Miralago in Albano Laziale. **2** Barocke Mauer des Parks der Villa Aldobrandini. **3** Kalorienarmes Dessert im Restaurant des Hotel Miralago. **4** Nemi liegt oberhalb eines erloschenen Vulkans, der heute ein See ist.

1 Die malerischen Ruinen von Tuscolo ... **2** ...noch heute ein Ort zum Theaterspielen. **3** Blick von der Villa Aldobrandini auf Frascati und Rom. **4** Die Ruinen von Tuscolana am späten Nachmittag. **5** Üppige Gartenpracht in der Villa Aldobrandini. **6** Vorplatz und Nymphäum der Villa Aldobrandini. **7** Wie zu Goethes Zeiten: Tuscolo.

findet auf dem Vorplatz der Villa Aldobrandini ein Open-Air-Festival statt. Geboten werden vor allem musikalische Veranstaltungen mit italienischen und ausländischen Musikgruppen.

Von Frascati aus führt eine kleine Autostraße zu den Ruinen von Tusculum, einem äußerst idyllischen Ort. Auf einem Hochplateau liegt mitten in der Natur ein kleines Amphitheater, in dem sommers während eines Festivals diverse Theater- und Musikveranstaltungen stattfinden. Dann genießt man das Kulturspektakel unter freiem Himmel und mit Blick in die Täler und bis hin zum Meer.

Frascati ist vor allem wegen des Frascatiweins berühmt. Auch im Ausland. Allerdings sollte man sich hüten den billigen Fusel zu trinken, der in volkstümlichen Weinbars für ein paar Euro pro Liter angeboten wird. So populär die Weißweine aus Frascati weltweit auch sind: ihre Qualität lässt immer noch zu wünschen übrig. Nur einige wenige Winzer produzieren seit einigen Jahren Spitzentropfen. Diese sollte man probieren. Vor allem die Weine von Paola di Mauro, von Costantini, Castel de Paolis und Colachicchi sind unbe-

dingt zu empfehlen. Fast alle guten Restaurants und Trattorien in Frascati haben sie in ihren Weinkellern. Auf den Weingütern von Casale Marchese und Cantine San Marco, um nur einige Beispiele zu nennen, können Weinliebhaber kostenlos Wein probieren. Ausgezeichnete Weine werden bei »Caccianic« kredenzt, dem vielleicht

5

6

besten Restaurant in Frascati. Serviert werden Traditionsgerichte. Die »Nuova Enoteca Frascati« bietet fantastisch gute Fischgerichte, begleitet von den besten Weißweinen der Region. Eine sehr gute Trattoria ist »Zarazà«, in der deftige Lokalgerichte auf die Teller kommen. Keine leichte Kost, dafür aber so richtig volkstümlich.

Das »Purificato« ist vielleicht die beste Konditorei von Frascati und in der Enoteca San Marco lassen sich lokale Spitzenweine verkosten. Eine hübsche Weinbar ist auch Le Streghe Ubriache Wine Pub, und die Azienda Agricola Luigi Fusco führt in ihrem Angebot Wurst- und Käsewaren aus dem Umland.

In Grottaferrata lohnt der Besuch der 1000 Jahre alten Abbazia. Sie wurde auf den Resten einer römischen Villa errichtet und besitzt eine der reichsten Handschriftensammlungen Italiens. Beachtenswert sind der romanische Turm und das Portal der Abtei. Im Innern findet sich ein prächtiges Mosaik aus dem 13. Jahrhundert. Die »Pasticceria Dolci Tradizionali Specialità dei Castelli« bietet Plätzchen und Törtchen der ganz besonders leckeren Art. So lecker, dass sich sogar die Mönche aus dem Kloster in dem kleinen Geschäft damit versorgen.

Grottaferrata verfügt über das vielleicht schönste Hotel der Castelli Romani. Das Park Hotel Villa Grazioli ist eine herrliche Barockvilla mitten in einem Park mit altem Baumbestand. Von der Terrasse aus, wo im Sommer im hoteleigenen Restaurant gegessen wird, geht der Blick auf Rom.

Das Fünfsternehaus verfügt über Säle und Salons, die von so bedeutenden Barockkünstlern wie Carracci und Ciampelli ausge-

1 Blick von Castel Gandolfo über den Lago Albano in der Abendsonne. 2 Gewitterlandschaft zwischen Marino und Grottaferrata bei Sonnenuntergang. 3 Von Ariccia aus sieht man bei gutem Wetter bis zum Meer.

malt wurden. Die Freskenbilder in der Galerie im ersten Stock sind ein Werk von Pannini, einem der bekanntesten italienischen Maler des 18. Jahrhunderts. Casanova soll übrigens einer der Gäste der Villa gewesen sein. In welchem Zimmer er residierte und Signorine verführte, ist allerdings unbekannt.

Eine preiswertere Alternative, um in Grottaferrata zu nächtigen, bietet »I Locandieri«, ein gemütliches und geschmackvoll eingerichtetes Gasthaus mit Garten, wo morgens zum Frühstück frisch gebackener Kuchen serviert wird. Die »Locanda dei Ciocca« hingegen ist eine elegante Landresidenz im Countrystil mit Gästezimmern, von deren Fenstern aus man einen wunderschönen Blick auf Rom hat.

Gut essen kann man in Grottaferrata bei »Briciola«. Regionale Gerichte, ausgezeichnete Weine und eine gemütliche Atmosphäre. Die Preise sind im Vergleich zu Rom niedrig.

Ganz in der Tradition antiker Römer und reicher Kardinäle aus Renaissance und Barock ließen sich auch die Päpste sommers in den Albaner Bergen sehen. Noch heute ist Castel Gandolfo die Sommerresidenz der Stellvertreter Gottes. Hübsch ist die Piazza della Libertà mit ihren kleinen Lokalen und Kaffeebars. Von Castel Gandolfo aus führt eine Panoramastraße zum Kratersee hinab. In der warmen Jahreszeit sollte man am Ufer eines der vielen Lokale aufsuchen und ofenfrische Pizzen oder eine Portion *porchetta* probieren, ein lokales Spanferkelgericht.

Im Ortskern von Castel Gandolfo erhebt sich der apostolische Palast, in dem Papst Benedikt XVI., wie schon sein Vorgänger, seine sommerlichen Audienzen gibt. Zu diesem Palazzo gehört auch die päpstliche Sternwarte. Sie wurde 1939 eingeweiht und verfügte damals über die weltweit modernsten Technologien zur Weltraumerkundung. In den Verwaltungsräumen der Sternwarte befindet sich auch ein Laboratorium für astrografische Forschungen sowie eine der umfangreichsten Meteoritensammlungen der Erde.

Dieser Teil der päpstlichen Besitzungen in Castel Gandolfo ist relativ bekannt. Gläubige gelangen in den Innenhof des apostolischen Palastes, um den Papst auf seiner Benediktionsloggia zu sehen. Der übrige und weitaus größere Teil der gesamten Anlage ist weitgehend unbekannt. Es zirkulieren noch nicht einmal Fotografien von der Villa und dem sie umgebenden Park. Sämtliche Gebäude stehen, auch das wissen nur wenige, auf antiken Gebäuderesten, auf

2

3

den Grundmauern einer in der Antike berühmten Villa von Kaiser Domitian aus dem späten 1. Jahrhundert n. Chr.
Die Päpste erwarben das erste Grundstück ihres heute 550 000 Quadratmeter großen Terrains im Jahr 1596 bei einer Versteigerung. Dabei handelte es sich um eine alte Burg, die römische Adelsfamilien auf den Ruinen der antiken Akropolis von Alba Longa errichtet hatten. Dieser Besitz wurde 1604 zum, wie es damals hieß, »zeitlichen Gut des Heiligen Stuhls«. Papst Paul V. errichtete ein erstes Aquädukt, um die Residenz mit frischem Wasser zu versorgen. Es war Papst Urban VIII., der im frühen 17. Jahrhundert die Burg umbauen ließ. Schon vor seiner Wahl zum Papst verbrachte er viel Zeit in Castel Gandolfo, wo es im Sommer weitaus frischer ist als in Rom. Urban VIII. kann als erster Papst bezeichnet werden, der ganz bewusst sommerliche Erholung in dieser Residenz suchte. Der erste Papst, der den fertigen Palast und die Villa Barberini bewohnte, war Alexander VII. Die nachfolgenden Päpste restaurierten die umfangreiche Anlage. Clemens XIV. erwarb 1773 die elegante Barockvilla Cybo hinzu, was zu einer erheblichen Vergrößerung der Parkanlagen im geometrisch-italienischen Stil führte. In den Gärten der Papstvilla gibt es auch ein landwirtschaftliches Gut. Der Papst wird jeden Tag mit der Milch seiner eigenen Kühe ver-

1 Antiker Eingang Porta Pretoria in Albano Laziale. **2** Romanischer Kirchturm von S. Maria della Rotonda in Albano Laziale. **3** Besonders beliebt für Hochzeitsfotos: Stadtpark in Albano Laziale. **4** Uralter Olivenbaum in der Villa Aldobrandini. **5** Blick von Nemi über den Vulkansee nach Genzano. **6** Piazza di Corte in Ariccia mit der Kirche S. Maria dell' Assunta. **7** Am Nemisee veranstaltete Caligula Seeschlachten.

sorgt. Seine Hühner leben übrigens in Ställen, die wie kleine Paläste aussehen.

Ob der Papst ein Kunde der »Norcineria Ciociara« ist, wird nicht verraten. Bekannt ist hingegen, dass das Wurstparadies mit seinen vielen mittel- und süditalienischen Spezialitäten so manchen Kardinal beliefert.

Castel Gandolfo verfügt über einige hübsche Hotels, die am Hang liegen und einen fantastischen Blick auf den See haben. Das Viersternehaus Castel Vecchio ist sicherlich eines der besten des Ortes. Eine elegante Villa, die Relax pur bietet. Organisiert werden Reittouren durch die Berge und mit einem nur drei Kilometer entfernten Golfplatz hat das Hotel besondere Konditionen ausgehandelt. Selten für die Castelli: auf einer Panoramaterrasse lockt ein großer Pool.

In dem einfachen Hotel Bucci sul Lago, nicht weit vom Hauptplatz entfernt, werden auf einer Panoramaterrasse fangfrische Fische

5

6

7

serviert. Besonders schön ist es, hier bei gutem Wetter zu Mittag zu essen. Der Blick auf die Albaner Berge und den See ist einfach fantastisch.

Von Castel Gandolfo aus führt die Straße nach Albano Laziale. An der Piazza Mazzini erheben sich ein barocker Dom und die Villa Comunale, ein Barockpalast, der in den Ruinen einer antiken Villa errichtet wurde. Eindrucksvoll ist die antike Porta Pretoria. S. Maria della Rotonda wurde in ein antikes Nymphäum gebaut. Eine ungewöhnliche Kirche: kreisrund und mit kleinen Nischenkapellen.

In Albano Laziale findet sich eines der familiärsten Hotels der Castelli Romani. Das »Miralago« bietet keinen Luxus, dafür aber gemütliche Atmosphäre und akzeptable Preise. Donna Vittoria kocht lokale Spezialitäten wie deftige Nudel- und Fleischgerichte und bei gutem Wetter wird im Garten gegessen. Gute Fisch- und Fleischgerichte werden im Restaurant La Galleria di Sopra zubereitet. Leckere Desserts, darunter der warme Strudel all' italiana.

Ariccia besitzt mit dem Palazzo Chigi eine besondere Attraktion. Der große Palast aus dem 16. Jahrhundert ist in den letzten Jahren aufwendig restauriert worden. Heute präsentiert er sich mit seinen Möbeln, seiner Kunst und seinen Wandmalereien wie die intakt wirkende Landresidenz eines barocken Kardinals. Der Palast liegt

1 Einen umwerfenden Blick auf den Nemisee hat man vom Hotel Al Rifugio aus. 2 Liebesnest: ein Schlafzimmer im Hotel Miralago in Albano Laziale. 3 Weinfelder bei Grottaferrata. 4 Metzger Maurizio Castelli in seiner Norcineria in Lanúvio.

an der Piazza della Repubblica. Gian Lorenzo Bernini errichtete die Kirche S. Maria dell'Assunzione, die über eine Kuppel verfügt, die 1666 von dem berühmten Maler Borgognone ausgemalt wurde. Ebenfalls an der Piazza befindet sich »Dolci Cioli«, eine Bäckerei und Konditorei, die traditionelle lokale Backwaren zubereitet.

Über Genzano führt die Straße nach Nemi. In Genzano gibt nicht viel zu sehen. Doch Feinschmecker sollten hier einen kurzen Stopp einlegen. Der »Forno di Legna da Moretto« bietet traditionelle Backwaren und Kuchen, und in den beiden Weinhandlungen Enoteca Silvestri und Enoteca Incontro di Vino lassen sich die besten Tropfen der Castelli Romani probieren. Die Trattoria »Pietrino e Renata« ist eine Gaststätte wie aus dem Bilderbuch: Hier gehen die Einheimischen essen, denn sie wissen, dass in diesem Lokal so wie bei Mamma daheim gekocht wird – und das heißt sehr lecker und dennoch preiswert.

Die kleine Ortschaft Nemi liegt romantisch oberhalb des steil abfallenden Kraters, in dessen Mitte sich ein See befindet. Im Sommer werden in Nemi überall die in der Umgebung wachsenden leckeren Walderdbeeren feilgeboten. Mit ein wenig Zucker und Eis schmecken sie ausgezeichnet.

Am Ufer des Nemisees entdeckten Archäologen 1928 die erstaunlich gut erhaltenen Reste antiker Schiffe. Kaiser Caligula veranstaltete auf dem See nachgestellte Seeschlachten, bei denen Hunderte von Sklaven starben. Ein Großteil dieser Schiffe wurde 1944 von deutschen Soldaten zerstört. Die noch erhaltenen Reste vermitteln einen guten Eindruck von der Bauweise und dem kolossalen Prunk dieser Galeeren.

Oberhalb des Nemisees, an der Panoramastraße Via Laghi, bietet das Dreisternehotel Monte Artemisio zu einem wirklich guten Preis-Leistungs-Verhältnis komfortable und ruhige Zimmer und einen Swimmingpool im Park.

Die Fahrt durch die Castelli Romani endet in Velletri. Wie alle anderen Ortschaft der Albaner Berge geht auch sie auf eine römische Gründung zurück. Interessant ist das archäologische Museum an der Piazza del Comune, wo auch das Renaissancerathaus steht. Die Kathedrale von Velletri stammt aus dem 13. und 14. Jahrhundert, wurde später um- und ausgebaut und verfügt über ein schönes Museum mit Gemälden von Meistern des 17. und 18. Jahrhunderts.

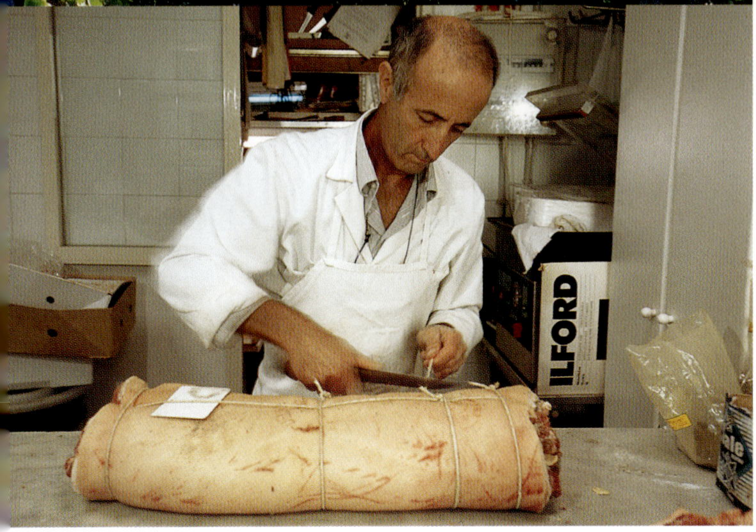

In der direkten Umgebung von Velletri wird ein kräftiges, wohlschmeckendes Olivenöl produziert. Bei Dino Giorgi kann man es kaufen. Die Ölmühle dieses Mannes, der eine echte Persönlichkeit in Velletri ist, befindet sich auf einem herrlichen Landgut, wo man das Öl vor dem Kauf erst einmal mit frischem Weißbrot probieren kann.

Die Castelli Romani – Sommerfrische in den Albaner Bergen

Besichtigen
Frascati: Villa Aldobrandini (frühbarocker Palast).
Tusculum (antike Ruinen in bukolischer Landschaft).
Grottaferrata: Abbazia di Grottaferrata (1000 Jahre alte Abtei).
Castel Gandolfo: Piazza della Libertà (Papstpalast).
Albano Laziale: Porta Pretoria (antikes Stadttor), *S. Maria della Rotonda* (Barockkirche).
Ariccia: Piazza della Repubblica (Barockplatz), *Palazzo Chigi* (Palast eines Kardinals).
Genzano: *Lago di Nemi* (Kratersee), *Museo della Navi romane di Nemi* (Museum antiker Schiffe).

Shoppen
Genzano: Forno di Legna da Moretto, Corso Don Minzoni 27, 06-9362033 (Bäckerei). – *Enoteca Silvestri*, Corso Antonio Gramsci 108, 06-9396284 (Wein). – *Enoteca Incontro di Vino*, Viale G. Oberdan 105, 06-9626389 (Wein).
Frascati: Purificato, Piazza del Mercato 4, 06-9420282 (Konditorei). – *Cantina* Comandini di Fulvio Comandini, Via Duca d'Aosta 1, 06-9464065 (Weinproduzent). – *Enoteca San Marco*, Piazza San Pietro 8, 06-9409403 (Wein). – *Le Streghe Ubriache Wine Pub*, Via Gioberti 6, 06-9421645 (Weinbar).
Azienda Agricola Luigi Fusco, Vicolo Partaporci 8, 06-9456687 (Wurst- und Käsewaren).
Grottaferrata: Pasticceria »Dolci Tradizionali Specialità dei Castelli«, Via delle Sorgenti Squarciarelli 29, 06-9410180 (Konditorei).
Castel Gandolfo: Norcineria Ciociara, Via Appia Nuova 28, 06-9325513 (Wurst).
Ariccia: Dolci Cioli, Piazza della Repubblica 9, 06-9332181 (Konditorei).
Velletri: Frantoio Santa Chiara di Dino Giorgi, Contrada Le Corti 3, 06-9630090 (Olivenöl).

Übernachten
Albano Laziale: *** *Miralago*, Via dei Cappuccini 12, 06-9321018 (komfortables Hotel mit Seeblick).
Castel Gandolfo: **** *Castel Vecchio*, Via Pio XI 23, 06-9360308319 (elegantes Haus mit Seeblick).
Grottaferrata: ***** *Park Hotel Villa Grazioli*, Via Umberto Pavoni 19, 06-9454001 (sehr schön! Barockpalast).
*** *Locanda dei Ciocca*, Via Anagnina 134, 06-9459214, 9410133 (hübsche Pension). *** *I Locandieri*, Via Tuscolana 289, 06-9456375 (kleine und feine Pension).
Nemi: **** *Monte Artemisio*, Via Laghi 253, 06-9634206 (hübsches Hotel).

Essen und Trinken
Frascati: Nuova Enoteca Frascati, Via A. Diaz 42, 06-9417449 (Weinbar mit Küche). – *Zarazà*, Via Regina Margherita 45, 06-0422053 (lokale Gerichte). – *Cacciani*, Via A. Diaz 13/15, 06-9420378 (lokale Spezialitäten).
Grottaferrata: Briciola, Via D. D'Annunzio 12, 06-9459338 (ausgezeichnete Trattoria).
Castel Gandolfo: Bucci sul Lago, Via Zecchini 31, 06-9322244 (Fischgerichte mit Seeblick).
Albano Laziale: La Galleria di Sopra, Via Leonardo Murialdo 9, 06-9322791 (Fisch- und Fleischgerichte).
Genzano: Pietrino e Renata, Via Cervi 8, 06-0391497 (familiäre Trattoria).

1

2

3

4

Entdeckungsreise nördlich von Rom

Das unbekannte Latium

Der unbekannte Norden Roms: wo die Etrusker fantastische Nekropolen anlegten und Fürsten verrückte Gärten, wo einsame mittelalterliche Orte mitten in Wäldern liegen und prächtige Paläste zum Besuch verlocken.

Toskana, Umbrien und dann direkt nach Rom. Doch zwischen den berühmten Ferienregionen und der Hauptstadt liegt das nördliche Latium, eine der schönsten und vom Tourismus noch gar nicht wachgeküssten Landschaften Italiens. Mit verträumten mittelalterlichen Ortschaften, mit etruskischen Nekropolen und Renaissanceschlössern.

Unsere Rundfahrt beginnt rund 30 Autominuten nördlich von Rom in einem der sicherlich zauberhaftesten Orte Mittelitaliens. Calcata ist im Mittelalter auf einem Kalksteinfelsen errichtet worden. Die kleine Ortschaft liegt inmitten einer urwüchsigen und unter Naturschutz stehenden Landschaft, ohne hässliche Neubauten und Straßen, dafür aber mit vielen Wanderwegen. Sie ist nur durch ein schmales Tor zu erreichen. Autos passen nicht hindurch.

Über eine Landstraße geht es zum See von Bracciano, einem der größten Seen Mittelitaliens. In der Ortschaft Bracciano ist das Castello Orsini-Odescalchi sehenswert: alte Möbel und Gemälde und ein herrlicher Blick von den Burgzinnen auf den See und die Monti Sabatini.

Idyllisch direkt am See kann man im komfortablen Hotel I Due Laghi in Anguillara Sabazia nächtigen. Ein gemütliches Haus unter familiärer Führung. Donna Vittoria kocht mittags und abends für ihre Gäste und im Garten gibt es einen Pool für diejenigen, die nicht im See schwimmen wollen.

Eleganter ist das Viersternehotel Villa Clementina in Bracciano. Auch dieses Haus liegt am See. Es hat nur sechs Gästezimmer und bietet viel Ruhe und Erholung und verfügt über einen Pool und einen Tennisplatz. Der Hotelbesitzer, der Maler Dimitri Bonetti, veranstaltet in seinem Atelier Malkurse.

Am Seeort Bracciano wird regionale Kost in der gemütlichen Trattoria Vino e Camino serviert. Lecker sind die Nudelgerichte mit Zickleinsoße und die Fleischgerichte. Exzellente Auswahl von Weinen aus Latium.

1 Alles ist geboten auf dem Markt auf der Piazza della Praterina in Bracciano. **2** Wohnen an der Piazza Fontana Grande in Viterbo. **3** Fast wie am Meer: Strand am Lago di Bracciano. **4** Castello Orsini in Bracciano, oberhalb des Sees.

2 und 3 Malerisches Bracciano mit zahllosen Gassen und Gässchen: Via del Moretto. **1 und 4–6** Ohne Autos, von Künstlern bewohnt und traumhaft mitten in der Natur gelegen: Calcata.

Nordöstlich geht es nach Nepi. In der Nähe dieser kleinen Ortschaft sollte man die Kirche S. Elia bei Castel Sant' Elia aufsuchen. Das Gebäude stammt aus dem 8. Jahrhundert und ist mit einem für Italien seltenen Freskenzyklus im byzantinischen Stil ausgeschmückt.

Das nahe Civita Castellana ist wie die meisten Orte im nördlichen Latium von den Etruskern gegründet worden. An sie erinnern interessante Fundstücke aus der Umgebung im Museo archeologico dell' Argo falisco und die eigentümlichen Ruinen von Falerii Novi, fünfeinhalb Kilometer westlich der Stadt. Der Ort wurde im 8. Jahrhundert verlassen. Übrig blieben beeindruckende Mauerreste, die frei in der Landschaft stehen.

Der Dom S. Maria von Civita Castellana ist eines der schönsten Beispiele romanischer Baukunst in Italien. Im Innenhof der Rocca di Civita aus dem 15. Jahrhundert sind die Wände mit einem Freskenzyklus des Barockmalers Federico Zuccari geschmückt.

Wer lokale Käsesorten probieren will sollte einen Abstecher zur Frazione Borghetto unternehmen. Die Fattoria Lucciano ist ein

kleines Unternehmen. Ovivio Profili macht ausgezeichnete Käsespezialitäten.

Über Ronciglione, einem Dorf, dessen historischer Kern fast ganz aus mittelalterlichen Häusern besteht und von Nussbaumplantagen umgeben ist, geht es nach Caprarola. Ebenfalls ein Dorf, aber

5

6

mit einem besonderen künstlerischen Highlight, das sogar die Anfahrt von Rom lohnt.

Der Palazzo Farnese ist eines der kuriosesten Gebäude Mittelitaliens. Es handelt sich um ein achteckiges Palastgebäude, das hoch über Caprarola auf einer Terrasse errichtet wurde und einen burgähnlichen Charakter hat. In seinem Innern hingegen ist es ganz im Stil der Renaissance gestaltet. Eine von 30 Säulen gestützte Wendeltreppe führt in die Säle im ersten Stock, deren Wände von Renaissancemeistern ausgemalt sind.

Nördlich von Caprarola errichtete Renaissancebaumeister Jacopo Barozzi Vignola Mitte des 16. Jahrhunderts den Palazzo Chigi-Albani, von dessen Terrassen aus der Blick in die waldreiche Landschaft sowie auf die Monti Cimini geht, die mit Kastanienwäldern bewachsen sind. Mit dem Wagen ist es nur ein Katzensprung nach Bagnaia. Vignola baute hier die Villa Lante, ein Gartenjuwel der Renaissance. Zwei kleine und prächtige Gebäude sind von einem Park umgeben, der mit Wasserspielen versehen ist, wie sie im 16. Jahrhundert Mode waren.

Nicht weit von Bagnaia entfernt empfiehlt sich für eine oder mehrere Übernachtungen ein besonders schönes Bed & Breakfast. La Chiesuola liegt an den Cimini-Bergen und ist von einem großen Park umgeben, der absolute Ruhe garantiert. Es gibt zwei Gästezimmer und einen Swimmingpool mit Panoramablick in die unberührte Umgebung.

Ein anderer Park der Renaissance ist in Bomarzo zu bewundern. Der Parco dei Mostri ist weltberühmt, deshalb sollte man ihn unter

1 **Wie die Krone auf einem Felsen: Calcata. 2 Romanische Erscheinung in Tuffstein: S. Pietro in Tuscania. 3 Mitten in der wilden Natur: etruskische Nekropole bei Norchia. 4 Etruskische Nekropole bei Tarquinia: Tomba dei Baccanti, 510–500 v. Chr., der Maler der Fresken gehörte zu einer eingewanderten griechisch-orientalischen Gruppe.**

der Woche besuchen, um dem touristischen Massenansturm aus dem Weg zu gehen. Der Adlige Vicino Orsini ließ sich diesen Park in der zweiten Hälfte des 16. Jahrhunderts bauen. Er besteht aus Bäumen und Büschen und Steinmonstern, die an Fabelwesen erinnern sollen. Orsini ließ aber auch Riesenmünder und schiefe Häuser bauen und schuf somit den ersten, wenn man so will, Erlebnispark der Geschichte.

Ein Traum von einem Dorf ist Civitá Bagnoreggio, nördlich von Bomarzo und an der Grenze zur Toskana gelegen. Die Häuser und die Kirche stehen auf einem abbröckelnden Sandsteinfelsen, der nur über eine Brücke zu erreichen ist. Der Blick in die Umgebung ist fantastisch. Man fühlt sich wie in eine andere Zeit versetzt. Ein Ort ohne Autos und mit nur wenigen Bewohnern. Auch hier ist es am schönsten unter der Woche, wenn die Einheimischen so gut wie unter sich sind.

Richtung Westen führt die Tour weiter zum Bolsenasee, dem größten See Mittelitaliens. Er ist 14 Kilometer lang und 12 Kilometer breit und ist im Sommer ein beliebter Badesee. Im kleinen Dorf Bolsena sollte man in der Trattoria La Pietra, die vor allem wegen ihrer lokalen Käsespezialitäten berühmt ist, die *Lattarini al forno* probieren: das sind kleine Fische aus dem See, im Ofen gebraten mit Salbei. Fantastisch schmeckt auch der Aal, ebenfalls fangfrisch aus dem See.

An einem Hügel oberhalb des Sees liegt Montefiascone. In etruskischer Zeit befand sich hier das legendäre Fanum Voltumnae, das wichtigste Heiligtum dieses vorrömischen Volkes. Besuchenswert ist die Kirche S. Flaviano aus dem 13. Jahrhundert mit ihrer riesigen und von weitem gut sichtbaren Barockkuppel von Carlo Fontana. In einer Kapelle dieser Kirche liegt der mittelalterliche Geschäftsmann Johannes Fugger begraben. Ihm soll der Ausspruch »Est! Est! Est!« zu verdanken sein, der später zum Namen des lokalen und weit über die Grenzen Italiens hinaus bekannten Weißweins geworden ist.

Südlich von Montefiascone geht es nach Viterbo, der wichtigsten und größten Stadt Nordlatiums. Im Mittelalter residierten und lebten hier eine Zeit lang die Päpste und aus dieser Zeit stammen viele der noch existierenden und sehr beeindruckenden historischen Bauwerke.

2

3

Seit dem Mittelalter ist die Piazza del Plebiscito mit ihren Palästen das Zentrum der Stadt. S. Maria Nuova ist eine der ältesten Kirchen Viterbos. Hier predigte Thomas von Aquin. Im kunstreichen Innenraum fällt dem Besucher ein Tafelbild aus dem 14. Jahrhundert besonders ins Auge.

Der Palazzo dei Papi hat eine eigentümliche Geschichte. Errichtet im 13. Jahrhundert als Papstresidenz ist er das schönste Beispiel für gotische Baukunst in Viterbo. Schön ist auch die kunstvoll gestaltete Loggia mit dem herrlichen Blick in die Umgebung der Stadt. In diesem Palazzo starb Papst Johannes XXI. bei einem Durchbruch des Fußbodens. Auf seinen Nachfolger musste die gesamte Christenheit ganze 33 Monate warten. Da das Konklave der in dem Palast versammelten Kardinäle zu keinem Ende gelangen wollte, ließ der Stadtkommandant, eine Art Bürgermeister, die katholischen Würdenträger bei Wasser und Brot einschließen. Und siehe da, nach nur wenigen Tagen stand dann schließlich der Nachfolger auf dem Papstthron fest.

Ganz Viterbo verlockt zum Bummeln, doch besonders schön ist die Via S. Pellegrino, die Hauptstraße des mittelalterlichen Stadtkerns. Typisch für die gotische Bauweise in Viterbo ist der Palazzo degli Alessandri mit seinem Balkon und seiner Außentreppe.

In einem mittelalterlichen Palazzo aus dem Jahr 1000 ist das Restaurant Richiastro untergebracht. Wirklich lecker sind die kräftigen Suppen und Fleischgerichte. Kredenzt werden Weine aus Nordlatium. Die Trattoria La Torre wird von der auch in Deutschland bekannten Feinschmeckervereinigung Slow Food als eine der

1 und 2 Frühbarocke Wasserspiele in der Villa Lante. **3** Betreten leider verboten: Buchsbaumlabyrinth der Villa Lante. **4** Wehrmauern in Cività Castellana. **5** Romanisch-barocker Dom in Viterbo. **6** Wo einstmals Päpste residierten: Palazzo Papale in Viterbo. **7** Wie in einem Historienfilm: die Via del Pellegrino in Viterbo.

besten Italiens bezeichnet. Carlo Zucchetti bietet Traditionskost mit kreativem Einschlag. Wie zum Beispiel einer Pâte aus frischem Aal mit Zucchiniblüten. Ausgezeichnete Weinkarte.

Das sicherlich schönste Hotel in Viterbo ist das Niccolò V. delle Terme dei Papi. Ein Thermenhotel mit Viersterneluxus. Es gibt nur 20 Gästezimmer, was einen aufmerksamen Service garantiert. Besonders schön sind die geräumigen Suiten. Das Hotel organisiert Kunsttouren für kleine Gruppen zu den Sehenswürdigkeiten in der Umgebung.

In ganz Nordlatium gibt es Olivenbäume. Das Öl ist dunkelgrün und schmeckt intensiv. Gutes Öl findet sich in Canino bei Viterbo in der Cooperativa Oleificio Sociale di Canino. Wer zum Öl auch lokale Käse kaufen will, sollte die kleine Ortschaft Farnese besuchen. Die Cooperativa Zootecnica Farnese produziert Schafskäseleckereien, die sich auch mit nach Hause nehmen lassen.

Urlaub auf dem Bauernhof bietet der Agriturismo La Chiocciola. Auf 25 Hektar Land gibt es viel Ruhe und Natur. Fünf Gästezimmer

5

6

7

stehen in einem alten Bauernhaus zur Verfügung. Alle Zimmer sind komfortabel eingerichtet und im Garten befindet sich ein Pool. Mitten in der Natur liegt das Castello di Santa Cristina. Ein Gebäude aus dem 17. Jahrhundert, in dem acht Ferienwohnungen eingerichtet sind. Es gibt einen großen Pool, einen Tennisplatz, Fahrräder und Pferde. Ideal also für Familien.

Zwischen Viterbo und dem Meer liegt Tuscania. Ein Ort für Liebhaber romanischer Baukunst. In der kleinen Ortschaft, die wie verlassen in der einsamen Landschaft wirkt, erheben sich gleich zwei romanische Kirchen, die zu den schönsten Italiens gehören.

S. Pietro wurde bereits im 8. Jahrhundert errichtet und erhielt seine jetzige Größe im 12. Jahrhundert. Die Fensterrosette über dem Hauptportal ist eine der größten Italiens. Der dreischiffige Innenraum besitzt einen mit mehrfarbigen Marmorintarsien versehen Fußboden aus dem 13. Jahrhundert. S. Maria Maggiore, ein weiteres Hauptwerk romanischer Sakralkunst, ist ebenso wie S. Pietro von allen barocken Hinzufügungen befreit worden und zeigt sich wieder als rein mittelalterliche Kirche.

Mitten im mittelalterlichen Kern von Tuscania bietet das einfache, aber ordentliche Dreisternehotel Al Gallo gemütliche Zimmer. Empfehlenswert ist das Hotelrestaurant mit ausgezeichneten Vor-

1 Sechseckig, der trutzige Palazzo Farnese in Caprarola. 2 Elegant lokale Leckereien speisen ... 3 ... und Schlafen im Hotel Al Gallo in Tuscania.

speisen und Nudelgerichten. Eine Weinbar, die auch Gerichte serviert, ist die Trattoria Palazzo Ranucci beim Dom von Tuscania. Schmackhafte Suppen und frisch zubereitete Gnocchibällchen.

Südwestlich von Tuscania sollte die Necropoli etrusca di Norchia erwandert werden. Die etruskische Totenstadt liegt an einem einsamen Ort mitten in der Landschaft und ist von mittelalterlichen Ruinen umgeben. Die Symbiose aus antiken Ruinen und der Natur ist zauberhaft und erinnert an Reisebeschreibungen aus dem 19. Jahrhundert.

Eine der interessantesten Etruskerstädte ist Tarquinia. Im historischen Stadtkern erhebt sich stolz der Palazzo Vitelleschi aus dem 15. Jahrhundert. Das Bauwerk ist eine architektonisch ungewöhnliche Mischung aus spätgotischen und Renaissanceelementen. Im Museo Nazionale Tarquiniense sind Meisterwerke etruskischer Kunst zu besichtigen, darunter die berühmte Vase von Bochoris aus dem 8. Jahrhundert v. Chr. sowie aus etruskischen Gräbern entfernte Freskenbilder.

Hübsch ist das fast komplett erhalten gebliebene mittelalterliche Stadtviertel von Tarquinia mit der romanischen Kirche S. Martino. Das Gotteshaus S. Maria di Castello aus dem frühen 13. Jahrhundert birgt in seinem Innern einen herrlichen Fußboden aus mehrfarbigem Marmor, der von antiken Säulen stammt, die zu Scheiben zersägt wurden, um sie als Bodenbelag zu nutzen.

Im Umland von Tarquinia sind viele etruskische Gräber zu besichtigen. Die Nekropole von Monterozzi besteht aus einem großen Gräberfeld von dicht nebeneinander liegenden Grüften, die zum Teil mit Wandbildern geschmückt sind. Faszinierend in ihrer realistischen Bildsprache sind die Kampfszene in der Tomba degli Auguru und die rituellen Szenen in der Tomba del Barone.

Liebhaber der etruskischen Kultur sollten in Cerveteri einen Stopp einlegen. Am besten nach einer gastronomischen Pause in der Hafenstadt Civitavecchia, wo es außer dem hervorragenden Fischrestaurant Scaletta, eines der besten der Gegend, nichts zu besichtigen gibt.

Das heutige Cerveteri war zu etruskischer Zeit eine mächtige Seestadt mit verschiedenen Häfen. Funde jener glorreichen Zeit sind

2

im Museo Nazionale Cerite zu besichtigen. Die größte Attraktion von Cerveteri liegt zwei Kilometer außerhalb des Städtchens und ist bequem mit dem Wagen zu erreichen. Die Necropoli etrusca della Banditaccia ist einer der faszinierendsten Orte Italiens. Dicht an dicht stehen kuppelartige Gräber, die wie Kuchenformen aussehen. Sie sind mit Gras bewachsen und bilden eine intakte Gräberstadt mit Monumenten aus der Zeit zwischen dem 6. und 1. Jahrhundert v. Chr. Durch Pforten geht es über kleine Treppen in die Grüfte hinab. Man sollte sich unbedingt eine Taschenlampe mitnehmen, denn eine elektrische Beleuchtung der Grabinnenräume gibt es nicht.

Essen sollte man in der »Antica Locanda Le Ginestre« mitten in Cerveteri. Empfehlenswert sind die Fischgerichte. Alles ist fangfrisch und wird nach regionalen Rezepten zubereitet.

Wer sich nach einem solch vollen Besichtigungstag noch ins Meer stürzen will, der kann das bei Ladispoli tun. Der Nationalpark Riserva naturale Bosco di Palo erstreckt sich zwischen der Via Aurelia und dem Meer und bietet intakte Natur und garantiert saubere Strände.

Das unbekannte Latium nördlich von Rom

Besichtigen

Bracciano: Castello Orsini-Odescalchi (mittelalterliche Burg).
Calcata: mittelalterliche Ortschaft in schönster Umgebung.
Cerveteri:
Necropoli etrusca della Banditaccia (etrusk. Gräberstadt).
Tarquinia:
Palazzo Vitelleschi (Renaissancepalast), *Quartiere mediovale* (mittelalterliches Stadtviertel), *S. Martino* (romanische Kirche), *S. Maria di Castello* (Fußbodenmosaiken), *Necropoli etrusca dei Monterozzi* (etruskische Nekropole).
Tuscania:
S. Pietro (romanischer Dom mit Fußbodenmosaiken),
S. Maria Maggiore (romanischer Dom).
Viterbo:
Altstadt: S. Maria Nuova (mittelalterliche Kirche), *Palazzo dei Papi* (Papstpalast), *Via S. Pellegrino* (mittelalterliche Straße).
Caprarola: Palazzo Farnese (Renaissancepalast mit Park).
Bagnaia: Villa Lante und Park (frühbarocke Gartenanlage).
Norchia: Necropoli etrusca di Norchia (etruskische Nekropole).
Bomarzo: Parco dei Mostri (Renaissance-Monster-Park).
Civitá Castellana: S. Maria (mittelalterlicher Dom), *Rocca* (Burg), *Falerii Novi* (antike Ruinenstadt).
Bagnoreggio: die komplette Ortschaft.

Shoppen

Canino: Cooperativa Oleificio Sociale di Canino, Via Montalto, 0761-437089 (Ölmühle).
Civita Castellana: Fattoria Lucciano, Località Borghetto, 0761-540464 (Produkte aus der einheimischen Landwirtschaft).
Farnese: Cooperativa Zootecnica Farnese, Località Poggio Sarde, 0761-458647 (lokale Käsespezialitäten).

Übernachten

Anguillara Sabazia, Località Le Cerque: *** *Relais I Due Laghi*, 06-99607059 (Hotel am See).
*Bracciano: *** Villa Clementina*, Via Traversa Quarto del Lago 12, 06-9986268 (Hotel am See).
*Viterbo: **** Niccolò V. delle Terme dei Papi*, Strada Bagni 12, 0761-3501 (Thermenhotel).
*Grotte di Castro: *** Castello di Santa Cristina*, Località Santa Cristina, 06-3220468 (Ferienwohnung in einer Burg).
*Orte: ** La Chiocciola*, Località Seripola, 0761-402734 (Urlaub auf dem Bauernhof).
*Tuscania: *** Al Gallo*, Via del Gallo 22, 0761-443388 (ordentliches Hotel).
*Bagnaia: *** La Chiesuola*, Info über Caffèlletto, 02-3311814, 02-3311820 (elegantes B&B).

Essen und Trinken

Bolsena: La Pietra, Corso Cavour 75, 0761-798730 (lokale Leckereien).
Bracciano: Vino e Camino, Piazza Mazzini 11, 06-99803433 (lokale Spezialitäten).
Civitavecchia: Scaletta, Lungoporto Gramsci 65, 0766-24334 (Fischgerichte).
Tuscania: Al Gallo, Via del Gallo, 0761-443388 (familiäre Tratt.).
Viterbo: La Torre, Via della Torre 5, 0761-226467 (ausgezeichnete lokale Gerichte). – *Richiastro*, Via della Marrocca 16–18, 0761-228009 (Suppen und Fleischgerichte).
Cerveteri: Antica Locanda Le Ginestre, Piazza Santa Maria 5, 06-9940672 (Fischgerichte).

1

2

3

4

Tempel, Paläste und ein Wasserfall

Tivoli und Villa d' Este – zu Besuch im Osten Latiums

Tivoli und Villa d' Este: wo Kaiser Hadrian sich die schönste Villa der römischen Antike bauen ließ, deutsche Romantiker in Tivoli malten und dichteten, wo der heilige Benedikt seine ersten Klöster einrichtete und eine Ortschaft mitten in einem Tempel gebaut wurde.

Man sollte sich Zeit nehmen. Nicht einfach nur ein Stündchen. Am besten macht man sich morgens von Rom auf. Eine halbe Autobahnstunde und schon ist es möglich, in die private Welt einer der bedeutendsten Männer der Geschichte einzutauchen. In seine Welt, die er sich auf Dutzenden von Hektar Land errichtete.

Kaiser Hadrian war nicht nur Imperator, sondern auch Künstler und Intellektueller, Reisender und Liebhaber schöner Dinge. Seine Villa Adriana, die großartigste Palastanlage der römischen Antike, ist so weitläufig, das man sie sich zunächst einmal auf einer Karte anschauen sollte, um einen Überblick zu erhalten. Um eine Idee des Ganzen zu bekommen, an dem der Kaiser über 20 Jahre lang bauen ließ. Nur vier Jahre nach der Fertigstellung der Anlage starb Kaiser Hadrian.

Mit dem Ende des Römischen Reiches verfiel der Palast. Er fiel Plünderungen zum Opfer, diente im Mittelalter den Bewohnern von Tivoli als Steinbruch und wurde schließlich, unglaublich aber wahr, vergessen. Erst 1450 wurden die Ruinen wiederentdeckt und seitdem ausgegraben.

Hadrian ließ sich von seinen Reisen inspirieren und so präsentiert sich die Villa Adriana als ein architektonischer Mix aus Stilen, die er in Italien und Griechenland, in Ägypten und anderswo zu sehen bekam und die ihn dazu anregten, etwas Neues zu schaffen.

Zentrum der Villenanlage ist das Teatro Marittimo. Eine runde Konstruktion mit einer kleinen Insel in der Mitte, die von Wasser umgeben war. Hier schlug das Herz der Villa, wenn der Kaiser anwesend war. Hierhin zog er sich zurück, um nachzudenken, um seinen in einem ägyptischen Fluss ertrunkenen Lieblingsknaben Antinous zu betrauern.

Die Villa Adriana war eine kleine Stadt mit Hunderten von Bediensteten, die unterhalb des Palastes in kilometerlangen Gängen von einem Gebäudeteil zum anderen gelangten – um auf diese Weise die Ruhe des Kaisers nicht zu stören. Beeindruckend sind die Rui-

1 Antike Reste in allen Ecken: Villa Adriana. **2** Moderne Skulptur im Park der Villa d' Este. **3** Villa Adriana: Statue im Canopo, einem künstlich angelegten Tal. **4** Fast wie zu Hadrians Zeiten.

1 Villa Adriana: Das Gebäude mit den drei halbrunden Exedren ist das Zentrum des repräsentativen Villentrakts. **2** Vestatempel im Park der Villa Gregoriana in Tivoli. **3** Die Inselvilla, in die sich Hadrian zurückzog, um allein zu sein. **4** Die Reste der großen Thermenanlage. **5** Nahezu die gesamte Villa wurde ausgegraben. **6** Modell der ursprünglichen Gesamtanlage der Villa Adriana im Besucherraum.

nen der Thermen und des sogenannten Canopo, eines künstlichen Tals mit einem Wasserkanal, umgeben von Säulen und Skulpturen. Da sind auch die Reste einer Bibliothek und das griechische Theater. Die ganze Größe der römischen Kultur hat in der Villa Adriana architektonische Gestalt angenommen.

Anfang 2006 wurden bei Reinigungsarbeiten neue und erstaunliche Funde im Erdreich der Villa Adriana gemacht. Man entdeckt den grandiosen Haupteingang der kaiserlichen Landresidenz: eine breite Marmortreppe, die gut erhalten geblieben ist. Flankiert wird sie von zwei rotmarmornen Sphinxen, die wahrscheinlich aus Ägypten nach Rom gebracht worden sind, um dem Portal dieser riesigen Villenanlage die entsprechende architektonische Würde zu verleihen. Dieser archäologische Fund kann allerdings nicht besichtigt werden. Die römische Altertümerbehörde schüttete die Grabungsstelle gleich wieder mit Erde zu. Als Grund für diese nur schwer nachzuvollziehende Entscheidung gab sie mangelnde Finanzmittel zur Restaurierung dieser antiken Treppe an. Dazu muss man wissen, dass weite Teile des Palatins und auch des Kolosseums nicht besichtigt werden können, weil der Altertümerbehörde das entsprechende Geld fehlt, um die statischen Probleme dieser antiken Bauten zu beheben. Im Herbst 2005 brach ein Teil der Ruinen auf dem Palatin deshalb in sich zusammen. Nur wie durch ein Wunder kam niemand zu Schaden.

Die Renaissance als Wiedergeburt der Antike versuchte an die Größe der Villa Adriana anzuknüpfen. Die Villenkultur des 16. Jahrhunderts ist ein gutes Beispiel dafür. Keine halbe Autostunde von der Villa Adriana entfernt liegt an einem Hang mit Blick Richtung Rom eine der schönsten Renaissancevillen Europas.

Die Villa d' Este in Tivoli ist auf Wunsch von Kardinal Ippolito d' Este entstanden. Er ließ ein bereits bestehendes Konvent in eine private Landresidenz umbauen und mit fantastischen Fresken der römischen Schule des 16. Jahrhunderts ausmalen, von so bedeutenden Malern wie Federico Zuccari und Gerolamo Muziano.

Nachdem der Besucher die Säle durchschritten hat, verschlägt ihm der Blick von einer der Terrassen in den Garten den Atem. Über verschiedene Terrassen und baumbestandene Wege geht es in einen Garten hinab. An jeder Ecke und Wegbiegung verzaubern

4

5

die unterschiedlichsten Brunnenskulpturen. Überall sprudelt und spritzt es. Ganz im Stil der Renaissance sorgen verschiedene Brunnen für spielerische Effekte, bespritzen den Besucher oder erzeugen Musik. Einmalig in ganz Europa ist die Fontana dell' Organo, die erst, wie der gesamte Park, vor wenigen Jahren restauriert wurde und die in regelmäßigen Abständen Musik macht. Mit Hilfe von Wasser wird eine Orgel in Gang gesetzt, die Renaissancemusik spielt.

Die Villa d' Este sollte man nicht am Wochenende besuchen, wenn Familien aus Tivoli und Rom den Park zu einem Freizeitresort machen, in dem es sehr laut zugeht. Am schönsten ist der Park an einem Wochentag, an einem späten Nachmittag, wenn die Sonne Richtung Rom und Meer langsam untergeht und die zum Park gehende Fassade der Villa und die Brunnenanlagen in ein rötliches Licht taucht. Dann sind nur noch wenige Besucher anwesend und man kann nachvollziehen, warum dieser Park seit der Zeit der Romantik Anfang des 19. Jahrhunderts so viele Besucher vor allem aus Nordeuropa anzieht.

Auf einer der Terrassen unterhalb der Villa ist in einer Loggia ein kleines Café eingerichtet worden. Ein Tisch mit zwei Stühlen steht direkt oberhalb der Parkanlage und von diesem Platz aus hat man einen wirklich umwerfenden Blick auf den Garten und bis nach Rom. Bei besonders gutem Wetter ist sogar der ganz in der Ferne gelegene Petersdom zu erkennen.

Tivoli war schon in der römischen Antike Ferienort reicher Hauptstadtbewohner. Zu Zeiten Goethes und seiner italienischen Reise

1–5 Der Gartenpalast des brunnenbegeisterten Kardinals d' Este: **1** Die Fischteiche unterhalb der Fontana dell' Organo in der Villa d' Este. **2** Späte Renaissancefresken. **3** Eine symmetrische Treppenanlage rahmt den Drachenbrunnen. **4** »Cento Fontane«: Aus 100 Mäulern spritzt das Wasser. **5** Pompöser Deckenschmuck im Saal des Herkules. **6** Im Park der Villa Gregoriana stürzen die Wasser 160 Meter in die Tiefe.

2

wurde das Dorf zum Ziel nordeuropäischer Romantiker. Sie alle suchten die künstliche Wildnis der Villa Gregoriana.

Der erst vor kurzem restaurierte romantische Park verlangt gutes Schuhwerk, denn steil geht es einen Hang hinab. Vorbei an einem der höchsten Wasserfälle Italiens. Ganze 160 Meter tief stürzt das Wasser von der Ortschaft hinab. Schön ist der Blick von der Villa auf den Tempio di Vesta, einen relativ gut erhaltenen Rundtempel aus dem 2. Jahrhundert, dessen Ruine viele Maler des 19. Jahrhunderts zu Bildern anregte, bei denen die Antike und die Natur eine romantische Symbiose eingehen.

Das Städtchen Tivoli hat sonst nicht viel zu bieten. Außer vielleicht La Baronia, einen ausgezeichneten Käseladen mit Spezialitäten aus der Umgebung.

Tivoli ist ein guter Ausgangspunkt, um das östliche Latium zu erkunden. Zum Schlafen gibt es nicht viele interessante Hotels. Das kleine und familiär geführte Dreisternehaus Adriano ist ein Gebäude aus dem 19. Jahrhundert bei der Villa Adriana: sauber, ordentlich und bequem. Komfortabler ist das Grand Hotel Duca d' Este. Ein modernes und großes Haus mit Schwimmbad.

Zum Essen empfehlen sich zwei Adressen: Das elegante Restaurant Torre Sant' Angelo bietet eine ausgezeichnete Territorialküche

6

und die Antica Hostaria de' Carrettieria Hausmannkost aus Latium und Sardinien.

Weiter östlich von Tivoli liegt am Hang des Monte Ginestro eine der schönsten und intaktesten Ortschaften Latiums. Ein Ort, der während des Mittelalters in den riesigen Ruinen eines Tempels errichtet wurde, der einer der größten der gesamten Antike war: Palestrina. Es entstand mitten im Heiligtum der Fortuna Primigenia, deren Orakel eines der am meisten Besuchten der antiken Welt war. Langsam steigt der Besucher von der Piazza della Cortina die einzelnen Rampen des ehemaligen Tempels hinauf, die heute Straßen sind, an denen sich die alten Häuser erheben. Auf der obersten Terrasse, der Terrazza della Cortina, steht der Palazzo Barberini, dessen halbrunde Fassade auf das Tal von Palestrina schaut.

In dem Palazzo von 1640 ist das Museo Archeologico Prenestino untergebracht, das ein Mosaik aus dem 1. Jahrhundert besitzt, das schon für sich die Anfahrt von Rom aus lohnt. Im dritten Stock des Museums nimmt es eine ganze Wandfläche in. Es zeigt in ungewöhnlich realistischer Weise eine Nilszene mit Meerestieren aller Art. Man kann sich an der Fülle der Darstellungen gar nicht satt sehen.

Eine Snackpause sollte man bei Bruno Cilia einlegen. Sein Wurstwarenladen ist ein kleines Paradies mit den verschiedenen Spezialitäten. Außerhalb von Palestrina befindet sich die Trattoria Il Piscarello: eine einfache Adresse, wo die Mamma gute Pilz- und Fischgerichte kocht.

1

2

1 Seitenkapelle im Dom von Tivoli. **2** Lobby des Hotels Sirene. **3** Gemütliches Zimmer des Hotels Adriano in Tivoli. **4** Doppelzimmer im Hotel Sirene.

Über die moderne Thermenstadt Fiuggi führt die Tour durch das östliche Latium nach Subiaco. Ein suggestiver Ort mitten in den Bergen und von unberührter Natur umgeben. Der heilige Benedikt wirkte hier und gründete ein Kloster, das mit der Natur eine Harmonie eingeht, wie sie selbst in Italien nur selten anzutreffen ist. Die Felsen, die Mauern und die Bäume wirken wie ein Park.

Unbedingt zu besichtigen sind die beiden Klöster. Das Monastero di S. Scolastica ist das erste von 13 Klöstern, die Benedikt im Gebiet von Subiaco gründete, bevor er nach Montecassino ging und dort auf dem Berg das Kloster gründete, das im Zweiten Weltkrieg durch einen Bombenangriff zerstört wurde.

1464 bauten zwei Deutsche in S. Scolastica die erste Buchdruckmaschine auf italienischem Boden. Das Kloster besitzt drei spätromanische Innenhöfe, einer schöner als der andere. Einige der Säulen stammen aus der Villa von Kaiser Nero in der Umgebung. Andere sind im Mittelalter mit farbigen Marmorsteinchen geschmückt worden. Die Kirche von S. Scolastica ist in verschiedenen Epochen um- und ausgebaut worden.

Das Monastero di S. Benedetto ist für Katholiken ein besonderer Ort religiöser Verehrung. Es erhebt sich auf jener Grotte, in der der junge Benedikt seine ersten Jahre als Eremit verbrachte, bevor er zum Ordensgründer wurde. Dieses Kloster ist deshalb das wichtigste des Benediktinerordens. Der große Gebäudekomplex scheint an einem Felsen zu kleben und gibt den Blick in das wildromantische Tal frei.

Die Oberkirche ist von seltener Schönheit. Sie ist mit Fresken des späten 13. Jahrhunderts und der frühen Renaissance geschmückt. Beim Altar führt eine Treppe in die Unterkirche hinab, die aus verschiedenen Kapellen besteht. In der Cappella di S. Gregorio Magno gibt es ein Wandbild, dass den heiligen Franz von Assisi zeigt. Da es 1223 gemalt wurde, als sich der spätere Heilige und Ordensgründer in Subiaco befand, gilt es unter Kunsthistorikern als die einzige realistische Darstellung des Franz von Assisi. Ein Bild von großer Ausdruckskraft.

Auf der Rückfahrt nach Rom sollte man bei Fiuggi nicht gleich auf die Autobahn fahren, sondern noch einen Abstecher nach Anagni machen.

Die romanische Cattedrale ist eine der beeindruckendsten in Latium. Der Innenraum ist dreischiffig und besitzt ein schönes Fuß-

bodenmosaik aus verschiedenenfarbigem Marmor. Zu den Meisterwerken dieser Kirche gehört der romanische Osterkandelaber, eine Krypta mit einem faszinierenden Marmorfußboden aus dem Mittelalter sowie Fresken des 13. Jahrhunderts im für Italien ungewöhnlichen römisch-byzantinischen Stil.

Tivoli und Villa d' Este – im östlichen Latium

Besichtigten
Tivoli:
Villa d' Este und Park (Renaissancevilla mit Park).
Tempio di Vesta (Tempelruine).
Villa Gregoriana plus Wasserfall (romantischer Landschaftspark).
Villa Adriana:
die umfangreichen Ruinen der Villa Adriana (gigantische Palastruine).
Palestrina: *Santurario* (altrömische Tempelanlage), *Museo Archeologico Prenestino* (riesiges Mosaikbild).

Subiaco:
Monastero di S. Scolastica (mittelalterliches Kloster), *Monastero di S. Benedetto* (mittelalterliches Kloster).
Anagni:
Cattedrale (mittelalterliche Kathedrale).

Shoppen
Palestrina:
Bruno Cilia, Viale Ungheria 35, 06-9537893 (Wurstwaren).
Tivoli:
La Baronia, Via Maremmana II Inferiore 2, 327818127 (Käseleckereien).

Übernachten
Villa Adriana/Tivoli:
*** *Adriano*, Via di Villa Adriana 194, 0774-382235 (angenehmes Haus).
**** *Grand Hotel Duca d' Este* (komfortables Hotel).

Essen und Trinken
Tivoli:
Antica Hostaria de' Carrettieria, Via Giuliani 55, 0774-330159 (lokale Gerichte).
Torre Sant' Angelo, Via Quintilio Varo, 0774-332533 (traditionelle Hausmannskost).
Palestrina:
Il Piscarello, Via del Piscarello 2, 06-9574326 (Trattoria).

1

2

3

4

Sonne, Sand, Meer und antike Ruinen

Ostia Antica und die Strände der Römer

Ostia und Ostia Antica: wo die Römer baden gehen und sich in der Sonne aalen, wo es komfortable Badeanstalten aus den dreißiger Jahren und Strände zum Tanzen gibt und wo die Römer der Antike ihre Schiffe mit Waren aus aller Herren Länder in Empfang nahmen.

Der Eingang wirkt von der Straße unscheinbar. Da steht groß geschrieben »Sporting Beach«. Die Anlage am Meer bei Ostia ist ein elegantes Strandbad mit weiß gestrichenen und sauberen Kabinen, einem ebensolchen riesigen Swimmingpool und gepflegtem Rasen.

Doch das eigentlich Besondere des Sporting Beach ist das Restaurant. Es ist eine der besten Adressen für Fischgerichte in Ostia und: Man sitzt im ersten Stock auf einer Panoramaterrasse mit Blick auf den Strand und das Meer. Kurz nach Sonnenuntergang gibt es in Ostia wohl keinen romantischeren Ort zum Essen und Trinken.

Während der Zeit des Dolce Vita in den sechziger und siebziger Jahren war dieses Restaurant Treffpunkt der internationalen Schickeria. Hier aßen sie allen: von Onassis bis zum Schah von Persien. Tempi passati, wie die Italiener sagen, vergangene Zeiten, von denen heute nicht mehr viel zu spüren ist. Seit damals hat sich die Einrichtung nicht verändert. Alles wirkt ein wenig von gestern, aber die Fisch- und Meerestiergerichte sind ausgezeichnet.

Auch hier gilt wie oft in Italien: nicht am Wochenende kommen, wenn viele Italiener mit Kind und Kegel unterwegs sind. Am Schönsten ist das Restaurant Sporting Beach an den Wochentagen außerhalb der Hauptsaison, mittags wie auch abends. Herrlich ist es, auf der Terrasse bei Sonnenuntergang zu essen. Auch im Winter sollte man hier essen: wenn die Wolken vom Meer aus Richtung Rom ziehen und hohe Wellen den Strand unsicher machen. Ein ganz besonders romantischer Ort.

Ostia ist eine Kleinstadt am Meer. Architektonisch hat sie nicht viel zu bieten, außer einigen Häuser des sogenannten faschistischen Rationalismus. Wie zum Beispiel das für Architekturfreaks sicherlich interessante Ufficio Postale von 1934, das in seiner Modernität an postmoderne Bauten aus den USA erinnert.

Schön sind auch die alten Strandbäder aus den vierziger und fünfziger Jahren. Anlagen, die an Art-déco-Gebäude im US-amerikani-

1 und 3 Strand an der Lungomare Duilio. **2** Ostia Antica ist relativ gut erhalten. Ruinen und Bauwerke geben immer noch einen Eindruck vom Alltagsleben vor zwei Jahrtausenden. **4** Inschrift an der Stadtmauer nahe der Porta Romana am Piazzale della Vittoria in Ostia.

2 und 3 Idyllisch und gemütlich präsentiert sich die Via della Colonia in einem alten Ortsteil beim Castello di Giulio II. **4** Das Ninfeo degli Eroti in Ostia Antica. Zur Blütezeit hatte die Stadt wohl etwa 50000 Bewohner. **I und 5** Blick in die Via Forno im heutigen Ostia. **6** Ausschnitt aus dem Neptun-Mosaik in den Terme di Nettuno von Ostia Antica.

schen Miami erinnern. Viele dieser Strandbäder sind noch heute elegant und es ist nicht gerade preiswert, sich eine Kabine, einen Liegstuhl und einen Sonnenschirm für einen Tag zu mieten.
Ein für Familien vielleicht interessanter Tipp ist Oda-Beach. Oda-Beach kennt jeder in Ostia, weshalb es sich empfiehlt, die Einheimischen nach dem Weg zu fragen. Wer mit dem Wagen von Rom aus kommt und die Meerespromenade erreicht, fährt linkerhand Richtung Süden und achtet dann auf die einzelnen Namen der Strandbäder. Eines davon ist Oda-Beach. Dieses Strandbad wird von einem katholischen Geistlichen und einer Gruppe von Ordensfrauen geführt. Mit den Einnahmen aus den vergleichsweise niedrigen Eintrittspreisen finanzieren sie Sozialhilfeprojekte in Ostia. Dieses Strandbad ist das familienfreundlichste von allen: Die Nonnen kümmern sich um die Kinder, spielen mit ihnen, während die Eltern schwimmen gehen oder einfach nur einmal allein sein wollen. Oda Beach verfügt auch über ein gutes und preiswertes Restaurant.

Gratis sind die Cancelli, die offenen Strände südlich von Ostia. Dort finden sich viele Familien ein und jeden Abend werden, in der Regel, die feinen Sandstrände gereinigt.
Berühmt-berüchtigt bei Roms Moralaposteln ist der Strand von Capocotta, auch »Buco« genannt, das Loch. Er ist von Ostia aus mit dem im Sommer regelmäßig verkehrenden Linienbus zu erreichen.

5

Das gilt auch für die Cancelli. Der Strand von Capocotta erlangte seinen zweifelhaften Ruhm durch den Schriftsteller und Filmemacher Pier Paolo Pasolini, der am Strand und in den Dünen nach schönen jungen Männern auf die Pirsch ging. Noch heute ist das »Buco« primär ein Schwulenstrand, doch inzwischen ist er so »in«, dass auch immer mehr andere Sonnenanbeter hierher kommen.

Im Sommer wird dieser freie Strand an manchen Wochenenden zu einer Open-Air-Disko, wo bis früh in den Morgen hinein getanzt wird. Einer jener wenigen Orte in Rom und Umgebung, wo es wirklich ausgelassen zugeht. Sehr zum Ärger der katholischen Kirche und konservativer Kreise.

Kenner kommen nach Capocotta erst gegen 18 Uhr, wenn sich die Sonnenanbeter auf den Weg nach Hause machen. Dann leert sich dieser Strandabschnitt, der, weil Strandbäder mit Umkleidekabinen und Liegenstühlen fehlen, ein wenig an die Küsten in Kalifornien erinnert: mit den hohen und unbebauten Dünen und den aus Holz gezimmerten kleinen Restaurants, die alle 1000 Meter in Strandnähe errichtet wurden und abends, gegen 21 Uhr, viele Gäste anziehen, die bei einer frischen Brise essen möchten.

Ostia bietet gerade im Sommer viele Vergnügungsmöglichkeiten. Unter freiem Himmel wie beispielsweise im Faber Beach, in der Open Bar und im Barrique. Tanz und Cocktails und Videos gibt es im La Spiaggetta, im Shilling, im Momo und im Pinetina. Lokale, wo Römer in der Regel unter sich sind und wo man gerade deshalb als ausländischer Tourist schnell Bekanntschaften schließen kann.

Wer die frühen Morgenstunden am Meer genießen will, kann im »Tirrenia« übernachten. Das Jugendstilgebäude liegt direkt am

1 Skulpturenrest am Fuße der Ruinen des Herkulestempels. **2** Ostia Antica am späten Sommernachmittag. **3** Die Neptunthermen in Ostia Antica. **4** Das antike Theater wird heute noch für sommerliche Veranstaltungen genutzt. **5** Renaissanceburg von Papst Julius II. in Ostia Antica. **6** Ein Laden neben dem anderen: antike Geschäftsstraße.

Meer, nur durch die Seestraße von den Stränden getrennt. Ein kleines Dreisternehotel mit einfachem Komfort. »Kursaal 2000« ist eine etwas preiswertere Alternative. Das Hotel liegt in Meeresnähe und bietet funktionale, aber ordentliche Zimmer.

Nach Ostia kommt man am bequemsten, um den in der Regel infernalen Verkehr auf den Straßen von Rom nach Ostia zu vermeiden, mit der S-Bahn, die von dem Bahnhof Roma Ostiense bei der Cestius-Pyramide abfährt. Der Bahnhof Roma Ostiense ist mit der U-Bahn zu erreichen. Leider fährt die S-Bahn abends nicht mehr. Ein Taxi, um nach Rom zurückzukommen, sollte man besser nicht nehmen, denn der Preis kann gesalzen ausfallen.

Landeinwärts von Ostia befinden sich auf einem ausgedehnten Terrain die Ruinen von Ostia Antica. Man fühlt sich an Pompeji erinnert, denn auch hier erheben sich Gebäude und Tempel in teilweise überraschend gutem Zustand. Das erklärt sich damit, dass diese antike Hafenstadt im Mittelalter schlichtweg vergessen wurde. Ostia Antica wurde als Hafenstadt im 4. Jahrhundert v. Chr. gegründet. Damals lag das Städtchen noch direkt am Meer. Dass der Hafen versandete, ist einer der Gründe dafür, dass er dem Vergessen anheim fiel. In der Zeit der römischen Kaiser wurde der Hafen ausgebaut und schließlich einer der wichtigsten im gesamten Mittelmeer. Im frühen 19. Jahrhundert begannen Archäologen mit den Ausgrabungen in Ostia Antica.

Ostia Antica ist eine Stadt mit noch gut sicht- und begehbaren öffentlichen Gebäuden, mit Geschäften und Wohnhäusern sowie einer Synagoge für die jüdischen Bewohner, die sich um Christi Geburt hier niederließen. Es handelt sich um die erste Synagoge in Europa.

Die Thermen wurden von Kaiser Hadrian errichtet. Das Theater aus dem 1. Jahrhundert ist hervorragend erhalten. Von den obersten Sitzreihen aus hat man einen Panoramablick auf die gesamten Ruinen von Ostia Antica. In dem Theater finden im Sommer verschiedene Veranstaltungen statt: Tanz und Theater und Musik. Vor dem Theater befindet sich die Piazzale delle Corporazioni, wo man sich in der Antike in den Theaterpausen erfrischte. Historische Funde aus den Grabungen von Ostia Antica sind im Museo Ostiense untergebracht.

4

5

6

Ostia Antica ist nicht leicht für diejenigen zu erreichen, die nicht mit dem eigenen Wagen in Rom und Umgebung unterwegs sind. Empfohlen wird, sich beim städtischen Tourismusbüro genau darüber zu informieren, wie man zu den Ruinen kommt. Für den Besuch von Ostia Antica sollte man sich rund einen halben Tag Zeit nehmen. Mit Hin- und Rückfahrt kann daraus, wegen der nicht ständig fahrenden öffentlichen Verkehrsmittel, aber schnell ein ganzer Tag werden.

Gut erhalten sind auch das Forum und die Via della Foce. Gut erkennbar sind die antiken Ladenlokale und einige *domi*, Wohnhäuser wohlhabender Bürger. Die Insula delle Muse ist ein kleines Wohnviertel aus dem späten Kaiserreich. Interessant ist das unter Hadrian verwirklichte Bauexperiment von antiken Reihenhäusern mit Gärten. Dabei handelt es sich um acht Wohnungen, die an einem gemeinschaftlichen Garten liegen und so ein wenig Natur mitten in der vor mehr als 1500 Jahren hektischen Hafenstadt garantierten.

Papst Gregor IV. baute einen Teil der damals noch bekannten Ruinenstadt im 9. Jahrhundert unter dem Namen Gregoriopoli als Bollwerk gegen die Rom immer wieder bedrohenden Sarazenen aus. Später errichtete Papst Julius II. das Castello di Giulio II., eine Verteidigungsanlage aus dem 15. Jahrhundert.

Im Palazzo Episcopale von Ostia Antica malte der Renaissancekünstler Baldassarre Peruzzi einen beachtlichen Freskenzyklus an die Wände, der Schlachtenszenen zeigt.

Rombesucher sollten die Hauptstadt Richtung Ostia nicht nur wegen der Strände und der Ruinen verlassen. Das moderne Ostia bietet gute Restaurants und Bars. Vor allem im Sommer, wenn sich das Nachtleben unter freiem Himmel abspielt.

2

3

»La Capannina da Pasquale« ist ein Restaurant, das an der Strandpromenade liegt. Neben guten Fischgerichten empfiehlt es sich das kuriose *Cheesetecca* auszuprobieren: ein Brötchen mit Käse-, Gemüse- und Fleischfüllung. Villa Irma hingegen ist eine kleine Villa, die während des Faschismus von Benito Mussolini frequentiert wurde, der hier heimlich seine Geliebte Claretta zum Stelldichein traf. Ein elegantes Gourmetrestaurant. Gut schmecken die selbst gemachten Nudeln und die Fisch- und die Fleischgerichte. Die Weinkarte ist hervorragend.

Nördlich von Ostia liegt der kleine Hafen Fiumicino. Ein hübsches Örtchen, wo man viele Fischer treffen kann. In der Nähe befindet sich der Porto di Traiano. Es handelt sich um ein achteckiges Hafenbecken, das heute im Landesinnern in einem Naturschutzpark liegt. Es wurde von Kaiser Trajan im 1. Jahrhundert errichtet. Am Ufer dieses eigentümlichen Hafens erheben sich die Reste antiker Lagerhallen, die in den letzten Jahren allesamt schön restauriert worden sind.

Ebenfalls in der Umgebung von Fiumicino sind in der Necropoli dell'Isola Sacra rund 100 antike Gräber aus dem 2. bis 4. Jahrhundert zu besichtigen. Einige von ihnen sind reich mit Fresken und Stuckaturen ausgeschmückt.

Wie Ostia so ist auch Fiumicino ein Mekka für Fisch-Feinschmecker. Das »Gina al Porto« ist ein elegantes Restaurant, das zum feinen Yacht Club Tevere gehört. Fangfrische Meerestiere und ausgezeichnete Vorspeisen kommen hier auf den Tisch. Die Weinkarte lässt allerdings zu wünschen übrig.

Das »Molo« ist sicherlich die beste Adresse in Fiumicino. Auch hier dominieren Fische und Meerestiere und die klassischen Gerichte sind leicht kreativ angehaucht. Dieses Restaurant wurde vor allem in den siebziger Jahren des letzten Jahrhunderts bekannt, als die sogenannte neue italienische Küche entstand, die Meeresgerichte mit Zutaten der ländlichen Küche anreicherte.

»Pascucci al Porticciolo« ist das Reich von Chef Gianfranco Pascucci, der vor allem kreative Gerichte zubereitet. Das Lokal Rifugio besticht hingegen durch ein wirklich gutes Preis-Leistungs-Verhältnis. Alberto Zafrani bietet eine ehrliche Küche ohne ausgefallene Experimente. Die Weinkarte ist überraschend gut für dieses eher einfache Restaurant.

I Segelspaß auf offenem Meer am Lungomare Diulio. **2** Alle Bäder in Ostia sind besonders familienfreundlich. **3** Im Strandbad Plinius kann man auch im Pool plantschen. **4** Ausruhen nach den langen Besichtigungstouren durch Rom. **5** Einfach, aber mit Blick aufs Meer: Hotel Tirrenia.

Ostia Antica und die Strände der Römer

Besichtigen
Castello di Giulio II. (Renaissanceburg).
Scavi di Ostia Antica (die antike Hafenstadt Ostia).
Palazzo Episcopale mit Freskenbildern (Renaissancefresken).
Lido di Ostia mit Badeanstalten aus dem Faschismus (historische Badeanstalten).

Übernachten
*** *Kursaal 2000*, Via Ferdinando d'Aragona 10, 06-56470616, 06-56470645 (komfortables Hotel mit Meerblick).
*** *Tirrenia*, Lungomare P. Poscanelli 74, 06-56304192, 06-56324850 (einfaches, angenehmes Haus).

Essen und Trinken
Ostia:
Sporting Beach, Lungomare A. Vespucci 8, 06-56470218 (Fischgerichte direkt am Meer).
Villa Irma, Corso Regina Maria Pia 67, 06-5601854 (Gourmetrestaurant).
La Capannina da Pasquale, Lungomare A. Vespucci 156, 06-56470143.
Fiumicino:
Gina al Porto, Yacht Club Tevere, Via Costalunga 21, 06-6583143 (elegantes Fischrestaurant).
Molo, Via di Torre Clementina 312, 06-6505358 (Fisch- und Meerestiere).

Pascucci al Porticciolo, Viala Traiano 85, 06-65029204 (kreative Küche).
Rifugio, Viala Traiano 95a, 06-6581796 (gute Trattoria).

Ausgehen
Faber Beach, Lungomare P. Toscanelli 199, 06-5613849 (Sommer-Disko).
Open Bar, Lungomare L. Catulo 6, 06-56477090, 338-4597728 (Sommer-Disko).
Barrique, Lungomare P. Toscanelli 31, 800-22774783 (Bar).
La Spiaggetta, Lungomare Caio Duilio, 348-8861769 (Bar).
Shilling, Piazzale Cristoforo Colombo, 06-56470728 (Sommer-Tanzbar).
Mami, Lungomare Caio Duilio 32, 349-0073017 (Sommer-Tanzbar).
Pinetina, Lungomare L. Catulo 14, 335-5212280 (Sommer-Tanzbar).

Die Sala Rotonda in den Vatikanischen Museen.

Kunst, Kultur und Kulinarisches

Weitere Informationen für den Romprofi

Allgemeine Informationen
Azienda per il Turismo di Roma (APT): Da sich die Öffnungszeiten von Museen und Galerien, Kirchen und Katakomben sowie Privatsammlungen in Rom ständig ändern, sollte man sich an die APT wenden (Via Parigi 5, 06-36004399) oder sich im Internet informieren (www.romaturismo.com).
Enjoy Rome, hilfreiches privates Informationsbüro (Via Marghera 8a, 06-4451854, 06-4456890, www.enjoyrome.it). Informationen zu allen städtischen Museen gibt es in verschiedenen Sprachen über die Rufnummer 06-82059127 und unter www.museiincomune.it
Call Center Turistico: 06-36004399 (auch in deutscher Sprache) Infos über den Vatikan: *Ufficio informazioni turistische,* Piazza San Pietro, 06-69881662, *www.vatican.va*; *Udienze papali,* Papstaudienzen: 06-69883273/3114; *Musei vaticani:* 06-69883333

Zweiräder (Fahrräder und Mopeds)
Romarent, Vicolo dei Bovari 7a, 06-6896555
Happu Rent, Via Farina 3, 06-4818185
Scooters for Rent, Via della Purificazione 84, 06-4885485

Öffentliche Verkehrsmittel
Radio Taxi: 06-3570, 06-4994, 06-6645, 06-5551. *Autobusse ATAC:* 06-46952027. *Züge/Treni:* Infoline 892021 (ohne Vorwahl). *Flughäfen:* Fiumicino: 06-65951 und Ciampino: 06-794941.

Museen, Sammlungen, Galerien
Ara Pacis, Lungotevere in Augusta: Kaiser Augustus zu Ehren wurde dieser Altar des augusteischen Friedens errichtet. Richard Meier umbaute den fast komplett erhaltenen Altar, dessen Wandreliefs zu den figurenreichsten der römischen Antike gehören.

Casa di Goethe, Via del Corso 18: Goethe lebte im römischen Zentrum in einer Mietwohnung, die er mit seinem Freund, dem Maler Tischbein, teile. Nach einer gründlichen Restaurierung wurde sie ein deutsches Kulturzentrum, mit einer umfassenden Bibliothek zu Goethes Werken. Hier finden auch interessante Wechselausstellungen statt.

Castel S. Angelo, Lungotevere Castello 50: Das Grabmal für Kaiser Hadrian wurde wegen seiner gewaltigen Größe später Teil der römischen Stadtmauern und schließlich zu einer Burg, die mit dem Vatikan durch einen auf hohen Steinbögen gelegenen Fluchtweg verbunden ist. Herrlich ist der Blick von den Terrassen. Beachtenswert sind die Renaissancefresken in den großen Innenräumen. Hübsch: das Café auf einer der Terrassen.

Catacombe di Priscilla, Via Salaria 430: Ausgedehnte Katakombenanlage im Norden Roms, benannt nach der frühchristlichen Matrone Priscilla aus der Familie der Gens Acilia. Hochinteressant sind die frühchristlichen Malereien in einigen Gräbern. Eine der Malereien zeigt eine Madonna mit dem Jesuskind. Es handelt sich um die erste Darstellung der Muttergottes überhaupt!

Catacombe di S. Sebastiano, Via Appia Antica 132: Diese weitläufige Katakombenanlage gehört zu den beeindruckendsten Roms. Sie ist von der Via Appia aus zu erreichen. Herrlich sind die gut erhaltenen antiken Wandmalereien, die einige der ältesten frühchristlichen Bildmotive zeigen.

Catacombe di S. Domitilla, Via delle Sette Chiese 282: Bei diesen Katakomben handelt es sich um die flächenmäßig größten Roms. Die unterirdischen Straßen mit Tausenden von Gräbern sind rund 16 Kilometer lang. Besonders interessant: die Wandbilder gehören zu den schönsten der frühchristlichen Kunst.

Catacombe di S. Callisto, Via Appia Antica 110: Diese Katakombe ist von der Appia zu erreichen und nach dem frühchristlichen Papst Calixtus benannt, der die bereits existierende Anlage ausbauen ließ. In der sogenannten Krypta sind insgesamt neun frühchristliche Päpste beigesetzt. Besonders eindrucksvoll: gut erhaltene Malereien in den Gräbern reicher römischer Familien.

Centrale Montemartini, Via Ostiense 106: Als die Kapitolinischen Museen restauriert wurden, stellte die Stadt Rom Dutzende ihrer schönsten antiken Skulpturen einige Monate in einem alten Elektrizitätswerk aus dem frühen 20. Jahrhundert aus. Der Gegensatz zwischen den antiken Skulpturen und den großen Maschinen gefiel dem Publikum so sehr, dass aus dem Elektrizitätswerk eines der faszinierendsten Museen Roms wurde.

Cimitero Acattolico, Via Caio Cestio 6: Im Schatten der antiken Cestius-Pyramide existiert seit dem frühen 19. Jahrhundert Roms einziger Friedhof für Nichtkatholiken. Viele prominente Rombesucher fanden hier ihre letzte Ruhestätte. Darunter viele Dichter und Denker. Auch Goethe ließ seinen in Rom verstorbenen Sohn hier beisetzen. Der Friedhof ist einer der romantischsten und stillsten Orte in Rom.

Circus Maximus, Via del Circo Massimo: So lang wie der gesamte Palatinhügel ist die größte Pferderennbahn der Weltgeschichte. Die in der Antike rund 600 Meter lange und etwa 200 Meter breite Rennbahn, die durch den Film »Ben Hur« vielen ein Begriff ist, bot bis zu 200 000 Menschen Platz. Heute präsentiert sich die Rennbahn als riesige Wiese, auf der die Römer im Sommer gern picknicken.

Kolosseum, Piazza del Colosseo: Kaiser Nero errichtete das größte Amphitheater der römischen Antike. Noch die Ruine ist atemberaubend. Etwa 50 000 Menschen fanden in dem Arenenrund Platz. Im Mittelalter wurde das Innere der Arena zu einer Pilgerstätte, die an den Tod tausender Christen während der Christenverfolgungen erinnern sollte. In späteren Jahrhunderten wurde ein Teil des Gebäudes für Neubauten abgetragen.

Domus Aurea, Viale della Domus Aurea: In der Nähe des Kolosseums baute sich Kaiser Nero einen mehrere Hektar Grundfläche einnehmenden Palast. Heute liegen die rund 100 erhaltenen Säle dieses Palastes unterhalb der Erdoberfläche. Gut erhalten sind vor allem die aufwendigen Stuckaturen, von deren Figurenreichtum sich Renaissancemaler wie Raffael beeinflussen ließen.

Forum Romanum/Kaiserforen, Via dei Fori Imperiali: Ein Forum war in der Antike das Zentrum der Macht und der Wirtschaft einer Stadt. Dass Rom als Hauptstadt über besonders große und prächtig gestaltete Foren mit Tempeln und Versammlungshallen verfügte, versteht sich von selbst. Auch wenn von der Pracht der Foren nicht mehr viel geblieben ist, so vermitteln die gigantischen Säulenreste und das restaurierte Gebäude des Senats einen guten Eindruck von der Ausdehnung der Kaiserforen.

Galleria Borghese, Piazzale Scipione Borghese 5: Kardinal Scipione Borghese war einer der wichtigsten Kunstmäzene des 17. Jahrhunderts. Um seinen Sammlungen einen würdigen Rahmen zu verleihen, schuf er mitten in seinem privaten Park die Villa Borghese, die sich heute als das vielleicht schönste Museum Roms präsentiert. Nicht nur kostbare Skulpturen von Gian Lorenzo Bernini und Gemälde italienischer Meister wie Tizian, Raffael und Caravaggio sowie antike Kunstwerke machen den Reiz dieses Museums aus, sondern das gesamte Gebäude, das mit herrlichen Deckenfresken ausgemalt ist.

Galleria Colonna, Via della Pilotta 17: Der Palazzo Colonna ist eine der größten barocken Palastanlagen Roms. Der Reichtum der Familie Colonna ist vor allem Papst Martin V. zu verdanken, einem Spross der Colonna, der seine Position skrupellos zum Wohle seiner Verwandten ausnutzte. Je mehr Macht und Reichtum die Colonna auf sich vereinen konnten, desto mehr stieg ihr Bedürfnis nach einer prächtigen Kunstsammlung. Die Galleria Colonna zeigt Meisterwerke von Carracci und Poussin. Besonders schön: die Sala Grande mit dem riesigen Deckenfresko von Sebastiano Ricci.

Galleria dell' Accademia di S. Luca, Piazza dell' Accademia di S. Luca 77: Diese kleine, aber feine Gemäldegalerie ist in einer der ältesten europäischen Malerakademien untergebracht. Es galt als besonders ehrenvoll für Maler zu Mitgliedern ernannt zu werden. Die deutsche Malerin Angelika Kauffmann wurde Ende des 18. Jahrhunderts als eine der ersten Frauen Mitglied.

Galleria Lorcan O' Neill, Via Orti d' Alibert 1e, 06-68892980: In dieser privaten Kunstgalerie stellen zeitgenössische Fotografen, Maler und Konzeptkünstler aus. Die Daten der Ausstellungseröffnungen werden in der Regel in der wöchentlichen Veranstaltungszeitschrift »Trovaroma« bekannt gegeben.

2

3

Galleria Nazionale d' Arte Moderna, Viale delle Belle Arti 131: Die Nationalgalerie für moderne Kunst zeigt anhand zahlloser Meisterwerke die Entwicklung der italienischen Malerei vom 19. bis ins späte 20. Jahrhundert. Vertreten sind die wichtigsten Maler Italiens aus dem 20. Jahrhundert, mit Hauptwerken von De Pisis und De Chirico, von Boldini und Balla. Im Museumsrestaurant kann man mittags gut essen, bei gutem Wetter auf der Terrasse.

Galleria Pino Casagrande, Via degli Ausoni, 06-4463480: Diese private Kunstgalerie im Studentenviertel San Lorenzo ist in einer ehemaligen Nudelfabrik untergebracht. Pino Casagrande ist einer der angesagtesten Galeristen Roms, seine Vernissagen sind sehr gefragt. Ausgestellt werden nationale und internationale Künstler.

Keats-Shelley Memorial House, Piazza di Spagna 26: Im ersten Haus rechterhand der Spanischen Treppe lebten eine Zeit lang die britischen Dichter Keats und Shelley. Ihrem Schaffen und ihrem Aufenthalt in Rom ist das kleine, reizvolle Museum gewidmet.

MACRO, Museo per l'arte contemporanea, Via Reggio Emilia 54: Das erste römische Museum für zeitgenössische Kunst ist in einer ehemaligen Bierfabrik untergebracht. Ausgestellt sind wichtige Hauptwerke internationaler Künstler. Immer wieder werden Ausstellungen organisiert, um das Schaffen eines oder zweier Künstler aus dem In- und Ausland zu würdigen.

Mercati Traianei, Via Quattro Novembre: Kaiser Trajan ließ direkt bei den Foren ein mehrstöckiges Einkaufszentrum errichten. Jeder Laden verfügte über einen großen Raum. Die Räume waren alle gleich gestaltet. Mit dem Aufkommen des Christentums wurde aus dem Shoppingcenter ein Kloster, wodurch dieses große antike Gebäude so erstaunlich gut erhalten blieb.

Il Vittoriano, Monumento Vittorio Emanuele II, Piazza Venezia: Nach der italienischen Staatseinigung im 19. Jahrhundert ließen die italienischen Könige dieses Nationaldenkmal errichten. Dafür wurde ein ganzes Stadtviertel beim Kapitolshügel abgerissen. In den riesigen Sälen dieses Monuments werden Wechselausstellungen gezeigt.

Musei Capitolini, Piazza del Campidoglio: Die Kapitolinischen Museen sind eines der schönsten und reichsten Museen Italiens. Antike Kunst wird in herrlich mit barocken Wandfresken verzierten Sälen gezeigt und die Skulpturensammlung ist eine der reichsten der Welt. Im Museum ist auch die berühmte römische Wölfin zu sehen, das Symbol der Ewigen Stadt. Das Original des Reiterstandbildes von Marc Aurel wird seit kurzem in einem Neubau der

1 Antike Skulpturen in der Centrale Montemartini. **2** Barocke Fresken im Pantheon. **3** Bühnenbild für eine Freilichtoper in den Caracallathermen.

Museen ausgestellt. Einen Besuch lohnt auch das Panorama-Café-Restaurant auf der Terrazza Caffarelli.

Museo Barracco di Scultura Antica, Corso Vittorio 166: 1904 schenkte ein Aristokrat der Stadt Rom seine Antikensammlung. Untergebracht wurde sie in einem der schönsten Renaissancepaläste im historischen Zentrum mit einer ungewöhnlich gestalteten Fassade. Die Sammlung umfasst Kunst aus über 4000 Jahren. Besonders schön: die Werke früher römischer Kunst.

Museo Casa Giorgio De Chirico, Piazza di Spagna 31: Giorgio De Chirico, einer wichtigsten Maler Italiens im 20. Jahrhundert, beeinflusste wesentlich die futuristische Malerei. Sein Atelier und seine Wohnung am Platz der Spanischen Treppe sind zu einem Museum umgebaut worden, in dem Dutzende der wichtigsten Ölbilder und Zeichnungen des Meisters zu sehen sind.

Museo dell' Alto Medioevo, Viale Lincoln 3: Dieses leicht angestaubte Museum im Stadtteil EUR ist eher etwas für Spezialisten. Zu sehen sind wertvolle Kunstwerke aus der Zeit des italienischen Mittelalters.

Museo delle Arti e Tradizioni Popolari, Piazza G. Marconi 8: Wie alle musealen Einrichtungen in EUR müsste auch diese museumsdidaktisch renoviert und umgebaut werden. Das Museum enthält die umfassendste Sammlung italienischer Volkskunst aus rund 500 Jahrhunderten.

Museo della Civiltà Romana, Piazza G. Agnelli 10: Ein kurioses Museum, denn es werden keine Originale der römischen Antike gezeigt, sondern nur Gipskopien. Der Vorteil: anstelle von Torsi sind komplettierte Modelle zu besichtigen. So zeigt das Museum das komplettierte Reliefband der Trajanssäule auf den Foren. Faszinierend ist das mehrere Dutzend Quadratmeter große Modell der Stadt Rom im 1. Jahrhundert n. Chr. Das Modell zeigt die Stadt auf dem Höhepunkt ihrer Ausdehnung und Pracht.

Museo delle Anime dei Defunti, Lungotevere Prati 12: Dieses Museum ist in zwei kleinen Räumen einer Kirche aus dem späten 19. Jahrhundert untergebracht. Es zeigt Gegenstände, die das Leben sündiger Seelen im Fegefeuer nachweisen sollen. Ein kurioser Ort für Liebhaber des Ungewöhnlichen.

Museo delle Mura, Via di Porta San Sebastiano 18: Einmaliges Museum in einem erhaltenen Teilstück der antiken Wehrmauer. Der Besucher kann sich wie einer jener Soldaten fühlen, die die Stadt gegen die Barbaren zu verteidigen versuchten. Hier wird die Geschichte der größten Stadtmauer Europas erzählt.

Museo degli Strumenti Musicali, Piazza Santa Croce in Gerusalemme 9a: Das Instrumentenmuseum ist eine der reichsten Instrumentensammlungen der Welt. Zu sehen sind nicht nur unschätzbar wertvolle Musikinstrumente aus dem Barock, sondern auch Originalinstrumente der Etrusker und Römer.

Museo del Corso, Via del Corso 320: Dieses kleine Museum, das von einer Bank gesponsert wird, zeigt in unregelmäßigen Abständen Ausstellungen zu moderner und zeitgenössischer Kunst.

Museo di Roma in Trastevere, Piazza Sant' Egidio 1b: Untergebracht in einem ehemaligen Kloster mitten im volkstümlichen Stadtviertel Trastevere erzählt dieses Museum anhand zahlreicher Gemälde aus dem 19. Jahrhundert die neuere Geschichte der Stadt Rom. Interessant sind vor allem jene Gemälde, die Rom zeigen, wie es seit Jahrzehnten nicht mehr existiert.

Museo Hendrik Christian Andersen, Via P. S. Mancini 20: Ende des 19. Jahrhunderts ließ sich der amerikanische Künstler Andersen in Rom nieder. Seine gewaltigen und zum Teil schwülstigen Skulpturen zeigen vor allem nackte Männer und Frauen. Das Museum fasziniert vor allem durch das ehemalige Atelier des Künstlers, in dem riesige Skulpturen ausgestellt sind.

Museo Nazionale d' Arte Orientale, Via Merulana 248: Das Museum für orientalische Kunst ist ein angestaubtes Museum, in dem allerdings beeindruckende Schätze aus dem Zweistromland gezeigt werden.

Museo Nazionale della Paste Alimentari, Piazza Scanderberg 117: Im Nationalen Nudelmuseum wird dem Besucher die Geschichte der Nudel und ihrer Herstellung erzählt – auch in deutscher Sprache. Ein Museum, das sich ganz hervorragend auch für Familien eignet.

Museo Nazionale Etrusco, Villa Giulia, Via delle Belle Arti: Die reichsten Sammlungen etruskischer Kunst werden in diesem Museum gezeigt. Untergebracht ist es in einer der schönsten Renaissancevillen Italiens. Papst Julius III. ließ sich diese Residenz errichten, zu der auch die Kopie eines antiken Nymphäums gehört. Das Museum zeigt die schönsten Stücke, die jemals vom Volk der Etrusker gefunden wurden: Skulpturen, Gold- und Silberschmuck sowie Grabmäler. Besonders faszinierend ist der berühmte Sarkophag eines Ehepaars.

Museo Nazionale Romano, Largo di Villa Peretti 1: In diesem monumentalen Palast aus dem 19. Jahrhundert werden Hunderte von altrömischen Skulpturen, Mosaiken und Freskenbildern ausgestellt. Besonders beeindruckend: ganze Räume antiker Villen, die originalgetreu rekonstruiert wurden, mit komplett erhaltenen Wand- und Deckenfresken. Der Raum der Livia zeigt auf vier Wänden ein Wandbild, vom Fußboden bis zur Decke, das die Fauna und Flora eines römischen Villengartens darstellt.

Musei Vaticani, Viale Vaticano: Die Vatikanischen Museen sind neben dem Louvre die größten Museen der Welt. Im 17. Jahrhundert begannen die Päpste mit ihrer Sammlung, deren Wert unschätzbar ist. Jeder Papst, der auf sich hielt, kaufte Kunst oder ließ sich Antikes aus dem Erdreich holen. Das Museum hat eine ungefähre Gesamtweglänge von 7,5 Kilometern. Man sollte sich mindestens einen ganzen Tag Zeit nehmen, um durch die einzelnen Museen zu bummeln. Besonders eindrucksvoll: die Antikensammlung mit Kunstwerken, die so gut erhalten sind, dass sie wie aus dem Barock wirken. Faszinierend sind die von Raffael und anderen bedeutenden Renaissancekünstlern ausgeschmückten Säle und Galerien. Die Sixtinische Kapelle von Michelangelo ist ebenfalls Teil der Vatikanischen Museen.

Palatino, Via di S. Gregorio: Auf dem Palatinhügel ließen viele römische Kaiser prächtige Palastanlagen errichten. Auch wenn diese Paläste heute zerstört sind, vermitteln die gigantischen Keller- und Fundamentruinen einen bleibenden Eindruck vom architektonischen Größenwahn der Herrscher.

Palazzo Altemps, Piazza Sant' Apollinare 48: Der Palazzo Altemps ist eines der schönsten und am besten erhaltenen Beispiele für den Palast eines kunstsinnigen Renaissancekardinals. Das Gebäude wurde vor einigen Jahren in seinen originalen Zustand versetzt und einer gründlichen Restaurierung unterzogen. In den Renaissancesälen des Palastes werden Meisterwerke der antiken Skulpturenkunst präsentiert. Dieser Gegensatz ist besonders reizvoll.

Palazzo Barberini, Galleria Nazionale d'Arte Antica, Via delle Quattro Fontane 13: Papst Urban III. ließ sich nach seiner Wahl einen großen barocken Familienpalast errichten. Der Palazzo Barberini ist eines der trefflichsten Beispiele für den römischen Barock. Im Palast residiert heute das Nationalmuseum für alte Kunst. Gezeigt werden Meisterwerke von Raffael, Caravaggio und anderen bedeutenden Malern der italienischen Renaissance und des Barock. Atemberaubend schön ist der Saal mit dem Deckenfresko Pietro da Cortonas. Es gilt als eines der schönsten Deckenbilder der italienischen Kunstgeschichte.

Palazzo Braschi, Museo di Roma, Via di San Pantaleo 10: Der strenge Palazzo aus der Zeit der Wende vom 18. zum 19. Jahrhundert beherbergt das römische Stadtmuseum, in dem die Geschichte der Ewigen Stadt unter der Herrschaft der Päpste nacherzählt wird. Schön sind vor allem jene Räume, in denen auf Gemälden weltliche und religiöse Feierlichkeiten dargestellt sind.

Palazzo Corsini, Galleria Nazionale d'Arte Antica, Via della Lungara 10: Die Corsinis waren im 18. Jahrhundert die Bankiers der Päpste und gelangten so zu großem Reichtum. 1730 wurde ein Corsini sogar zum Papst ernannt, als Clemens XII. In der ehemaligen Familienresidenz ist die Galleria Corsini untergebracht. Ausgestellt sind Werke von Beato Angelico, Peter Paul Rubens und Caravaggio. Besonders schön ist der private Charakter dieser Sammlung, die an die Sammlungen barocker Kardinäle erinnert.

Palazzo Doria Pamphili, Piazza del Collegio Romano 2: Dieser Palast ist einer der größten Roms. Noch heute ist er im Besitz der Familie Doria Pamphili. Die private Kunstgalerie, die zu den reichsten Europas gehört, ist unbedingt einen Besuch wert. In prachtvoll mit Deckengemälden und Stuckaturen geschmückten Sälen und Räumen sind Gemälde von Velazquez und anderen Meistern der europäischen Kunstgeschichte ausgestellt. Herrlich ist die Spiegelgalerie mit antiken Skulpturen.

Palazzo Ruspoli-Fondazione Memmo, Via del Corso 418: Dieser Palast ist ein gutes Beispiel für eine typische römische Adelsresidenz. Das Gebäude wirkt ein wenig trutzig und abweisend. Im Erdgeschoss des Palastes zeigt die Fondazione Memmo Wechselausstellungen, die zu den interessantesten Roms gehören.

Palazzo Spada, Piazza Capo di Ferro: Eine der schönsten Residenzen der Spätrenaissance in Rom. Besonders aufwendig ist die Fassade dieses Palazzos aus dem 16. Jahrhundert mit vielen Büsten und Skulpturen verziert. Im Innenhof, der nicht immer zu besichtigen ist, da das Gebäude den Staatsrat beherbergt, befindet sich eine Galerie mit einer vorgetäuschten Perspektive.

Palazzo Venezia, Via del Plebiscito 119/Piazza Venezia: Ein mächtiger Renaissancepalast mit grandiosen Sälen, die nahezu komplett mit Fresken ausgeschmückt sind. Wie die Sala Regia, die mit einer faszinierenden Scheinarchitektur ausgemalt ist, oder die Sala del Mappamondo, die nach einer großen Weltkarte, die hier zu bestaunen ist, benannt wurde. Hier residierte früher Diktator Benito Mussolini. Heute ist in dem riesigen Gebäude das römische Kunstgewerbemuseum untergebracht. Es zeigt kostbare Stücke aus rund 1500 Jahren italienischer Geschichte.

Scuderie Papali al Quirinale, Via XXIV Maggio 16: Während die Päpste im Sommer im Quirinalspalast zu residieren pflegten, brachten sie ihre Pferde in prächtigen Stallungen unter, in den Scuderie. Sie sind vor einigen Jahren von der Mailänder Stararchitektin Gae Aulenti in einen Ort für Ausstellungen umgebaut worden. Vom neuen gläsernen Treppenhaus der Scuderie aus hat man einen atemberaubenden Blick auf die Stadt.

Sinagoga und jüdisches Museum, Lungotevere Cenci 15: Mit der italienischen Staatseinigung im 19. Jahrhundert konnten die römischen Juden endlich auch außerhalb des Ghettos als freie Bürger leben. Im Ghetto errichteten sie Ende des 19. Jahrhunderts die größte Synagoge Südeuropas. Im Erdgeschoss und im Keller sind kostbare Stoffe und Gegenstände aus den rund 2000 Jahren Geschichte ihrer römischen Gemeinde ausgestellt. Die jüdische Gemeinde in Rom ist übrigens die älteste Europas.

Terme di Caracalla, Piazzale Numa Pompilio: Diese Thermenanlage war die größte und beeindruckendste ihrer Art in der gesamten Antike. Noch heute vermitteln die Ruinen dieser rund 500 mal 500 Meter großen Anlage einen Eindruck von ihren Ausmaßen. Im Sommer werden bei den Thermen italienische Opern unter freiem Himmel aufgeführt – mit den Ruinen als Kulissen.

Terme di Diocleziano, Piazza dei Cinquecento/Via Enrico De Nicola 79: Diese Thermen wurde von 40 000 zwangsverpflichteten Christen in nur acht Jahren errichtet. Rund 3000 Menschen konnten hier gleichzeitig baden. Michelangelo baute in einen Teil der noch erhaltenen Anlage die Kirche S. Maria degli Angeli, die einen ungefähren Eindruck von der marmornen Ausschmückung der antiken Badeanstalt vermittelt. Im zur Kirche gehörenden

1 In der Nationalgalerie für moderne Kunst gibt es auch nordeuropäische Exponate zu bewundern. **2** Detailreiche Renaissanceskulptur in den Kapitolinischen Museen.

ehemaligen Kloster ist eine der weltweit bedeutendsten antiken Skulpturensammlungen untergebracht. Darunter der ausruhende Faustkämpfer. Sein Körper wirkt ungemein lebensecht.

Villa Farnesina, Via della Lungara 230: Eine der schönsten Renaissancevillen Mittelitaliens, umgeben von einem kleinen Park. Die Loggia und einige Räumen sind von Giulio Romano und Raffael ausgemalt worden.

Villa Medici, Viale Trinità dei Monti 1a: Links oberhalb der Spanischen Treppe ist in dieser von außen abweisend wirkenden Renaissancevilla die französische Kulturakademie untergebracht. Die Fassade zum barocken Park, von dessen Terrasse aus man einen der schönsten Blicke auf Rom genießt, ist ungewöhnlich reich mit original antiken Reliefs geschmückt. In den Räumen der Villa sind interessante wechselnde Ausstellungen zu besichtigen.

Klassische Musik – Konzerte
Accademia Nazionale Santa Cecilia/Auditorium Parco della Musica, Viale de Coubertin, 06-8082058: Drei Konzerthallen mit wechselndem Programm. Roms interessanteste Musikadresse.
Aula Magna L.U.C./Università La Sapienza, Piazzale Aldo Moro 5, 06-3610051/2: Große Aula der Universität, wo regelmäßig klassische Konzerte mit Ensembles aus ganz Europa stattfinden.
Concerti del Tempietto, 06-87131590: Klavier- und andere Solokonzerte. – *Orchestra Sinfonica di Roma/Auditorium Conciliazione,* Via G. A. Guattani 17, 06-44252208: Jede Woche symphonische Konzerte. – *Teatro dell'Opera,* Piazza B. Gigli 1, 06-48160-255: Roms Staatsoper. Beeindruckendes Gebäude und gute musikalische Qualität. – *Olimpico,* Piazza Gentile da Fabriano 17, 06-3265991: Theater für Gastspiele, klassische Musik, Ballett.

Theater
Ambra Jovinelli, Via Guglielmo Pepe 41, 06-44340262: Kabarett, Komiker, Clowns: Das Jugendstilgebäude ist Roms wichtigste Adresse für komisches Theater. – *Argentina Teatro di Roma,* Largo Argentina, 06-684000345: Eine der besten Sprechbühnen Roms. Zahlreiche ausländische Gruppen treten hier auf. – *Colosseo,* Via Capo d' Africa 5a, 06-7004932: Roms Szene-Theater Nummer eins: viele Stücke mit lesbischer und homosexueller Problematik. – *Cometa,* Via del Teatro Marcello 4, 06-6784380: Kleines Theater mit avangardistischen Inszenierungen. – *Eliseo,* Via Nazionale 183, 06-4882114: Privattheater mit anspruchsvollen Inszenierungen. – *Ghione,* Via delle Fornaci 37, 06-6372294: vor allem Komödien. – *Palladium,* Piazza Bartolomeo Romano, 06-570667761: Roms avangardistischstes Theater. – *Sistina,* Via Sistina 129, 06-4200711: Komödien-, Musicaltheater. – *Valle,* Via del Teatro Valle 21, 06-68803794: eines der schönsten Theater aus dem 19. Jahrhundert. Vor allem anspruchsvolle Inszenierungen bekannter Regisseure. Experimentierbühne des Teatro Argentina. Hochinteressante Inszenierungen.

Kinos
Barberini, Piazza Barberini 52, 06-4827707: Zentrales Kino für die neuesten Streifen. Moderne Ausstattung.
Dei Piccoli, Viale Pineta 15 (Villa Borghese), 06-8553485: Kleines Holzkino im Park der Villa Borghese. Spezialisiert auf Kinderfilme.
Filmstudio, Via degli Orti d' Alibert 1c, 06-68192987: Kino für anspruchsvolle alte und neue Filme.
Nuovo Sacher, Largo Ascianghi 1, 06-5818116: Autorenfilme pur. Das Kino gehört dem Regisseur Nanni Moretti, der sich persönlich um die Filmauswahl kümmert.
Azzuro Scipione, Via degli Scipioni 82, 06-39737161: Autorenkino, in dem viele alte und wichtige Filme gezeigt werden.
Cinema Trevi – Cineteca Nazionale, Vicolo del Puttarello 25, 06-6781206: Kino der Nationalen Filmothek: viele Autorenfilme und avangardistisches Kino.

Die römische Resteküche

Pagliata, trippa, coratella. Schlachtviehgedärme, Kutteln und Innereien vom Schaf mit Leber und Luftröhre. Das sind drei klassische Gerichte, die einem bei dem Stichwort römischer Küche einfallen. Sicherlich, es gibt auch Pizza und Nudeln, aber echte Traditionskost aus der Stadt der Päpste ist etwas anderes. Etwas Deftiges und nicht unbedingt jedermanns Sache.
Einem alten Spruch zufolge, der aus der Renaissance stammen soll, aß das römische Volk vor allem das, was die Kardinäle und Fürsten übrig ließen: Innereien eben, Leber, Luftröhren, Hirn und andere Organe, die bei feinfühligen Feinschmeckern nicht so sehr beliebt sind.
Schon in der römischen Antike waren solche Innereien beliebt. Allerdings vor allem bei den ärmeren Leuten. Die antike Küche ist uns heute bekannt aus verschiedenen Schriften, die uns überliefert sind. Petronius beschrieb ausführliche altrömische Bankette, die in Rom stattfanden. Apicius, ein antiker Schlemmer, darf sich rühmen, als erster Autor eines Buches mit Rezepten in die Geschichte eingegangen zu sein. Bei seinen Rezepten nutzte er zum Teil ungewöhnliche Zutaten, das Fleisch von Papageien oder die Augen von Tieren, die aus den entlegensten Provinzen des Reiches in die Hauptstadt gebracht wurden.
Von diesen gastronomischen Extravaganzen ist nicht mehr viel geblieben. Als echt traditionell und, so verschiedene Historiker, einziger Bezug auf die altrömische Küche sind die Innereien geblieben.
Echte römische Lokale, also Trattorien und Ristoranti, führen auf ihren Speisekarten neben Gemüsevorspeisen, Suppen, neben Nudeln und Filetstücken auch Innereien, Kutteln, Hirn und Schwänze – von denen die verschiedenen Ochsenschwanzzubereitungen noch zu den bekannteren Gerichten gehören, die Rombesuchern am wenigsten Schwierigkeiten bereiten.
Die *cucina romana,* die römische Küche, ist vor allem eine *cucina povera,* eine arme Küche. Exquisite Zubereitungen, wie man sie aus Neapel, der Toskana und Venedig kennt, findet man in Rom nur selten. Volksküche ist angesagt und seit dem Siegeszug der Slow-Food-Bewegung, einer im norditalienischen Piemont entstandenen Feinschmeckerbewegung, die sich dem Kampf gegen das Aussterben typischer Gerichte verschrieben hat, findet man die kräftigen Gerichte dieser Volksküche inzwischen immer öfter. Wer nicht zum Opfer seiner gastronomischen Vorurteile werden will, sollte einige dieser Gerichte probieren. Man kann dann ja immer noch entscheiden, ob es einem schmeckt oder aber nicht. Auch der Autor dieser Zeilen ließ sich bekehren und ist zum Liebhaber der Trippa geworden, die mit Tomatenmark und Thymian, mit Knoblauchzehen und grünen Oliven ganz köstlich schmeckt.

Dazu ein kräftiger und einfacher Rotwein aus Latium und man isst, wie die typischen Römer es lieben.
Die traditionelle römische Küche findet man weniger im historischen Zentrum beim Trevibrunnen, bei der Spanischen Treppe oder der Piazza Navona. Wer sie probieren will, sollte sich im ehemaligen Ghetto und beim Marktplatz Campo de' Fiori umsehen. Teil der römischen Traditionskost ist auch die jüdische Küche. Juden leben am Tiber schon seit dem 2. Jahrhundert v. Chr. und so darf es nicht verwundern, wenn jüdische Gerichte heute in vielen Restaurants zu finden sind. Vielleicht schmecken sie im Ghetto aber immer noch am besten. Wie zum Beispiel die *carciofi alla guida*. Das sind junge kleine Artischocken, die in gewürztem Olivenöl goldbraun knusprig ausgebacken und mit Zitrone serviert werden.
Artischocken gehören aber nicht nur zur römisch-jüdischen Küchentradition. Auf fast allen Märkten der Innenstadt findet man morgens Frauen und Männer, Bauern aus der Umgebung Roms, die frische Artischocken putzen und in Zitronenwasser tauchen. Artischocken gelten als Leibgericht der Römer. Allerdings müssen sie, um den begehrten Namen *carciofi alle romana* zu tragen, zwischen Rom und der Hafenstadt Civitavecchia angebaut werden. Typische Gerichte der *cucina romana* sind auch die *saltimbocca alla romana,* dünn geschnittene und kurzgebratene Kalbsschnitzel mit Rohschinkenscheiben und Salbeiblättern in Bratenfond. Eine echte Spezialität! Lecker, wenn auch nicht gerade leicht verdaulich, schmeckt auch *la coda alla vaccinara,* ein Ochsenschwanz mit Sellerie und einem Hauch Schokolade.
Ein Einfacheleutegericht ist *la porchetta,* ein Gericht, das man häufig in der Umgebung Roms in einfachen Gaststätten oder auch an Ständen findet, die bei jenen Ausflüglern beliebt sind, die schnell etwas im Stehen essen möchten, ohne viel Geld auszugeben. *Porchetta* ist ein ganzes Spanferkel, gefüllt mit Speck und rohem Schinken, mit Schweinefleich, Salbei und Rosmarin, mit Lorbeerblättern und Knoblauch und Pfefferkörnern. Es wird über Wacholderholz gegrillt oder im Ofen gebraten und scheibenweise serviert. Ebenfalls ein römischer Gastroklassiker ist der *garofolato:* ein mit Gewürznelken, Speck und Knoblauchzehen gespickter Rinderschmorbraten.
Eine andere echt römische Leckerei ist die *coratella.* Dabei handelt es sich um Innereien von Schaf oder Ziege mit Leber und Luftröhre. Nicht selten wird die *coratella* als Fleischsoße zu Nudelgerichten serviert. Der Gruch ist für viele Rombesucher recht streng, aber das Gericht schmeckt ausgezeichnet.
Die Römer mögen auch Hühnergerichte. Vor allem das *pollo spezzato con i peperoni.* Das ist ein in kleine Stücke zerkleinertes Hühnerfilet, in der Pfanne gebraten mit süßem Paprika.
Der Genuss von Schnecken geht wahrscheinlich auf die Antike zurück. Bei Apicius finden sich gleich verschiedene Rezepte mit den kleinen Schalentieren. Die römische Traditionsküche zieht Weinbergschnecken vor. Sie werden in der Regel nur in heißem Wasser mit Salz und Essig gekocht.
Römer lieben auch Suppen. Kräftige Suppen aus Kartoffeln und dicken Bohnen. Dickflüssige Suppen mit einem Schuss reinstem Olivenöl. Probieren sollte man auch die Leckereien der Vorspeisen, die sich in vielen Restaurants finden lassen. Man hat die Qual der Wahl und viele Rombesucher sind nach dem Genuss eines vollen Vorspeisentellers schon satt. Empfehlenswert sind Gemüsegänge, wie zum Beispiel grüne Bohnen mit Speckschwarte.
In Sachen Nudeln mögen es die Römer, wie kann es anders sein, ebenfalls *un po' pesante,* ein bisschen schwer und gar nicht diätetisch. Eine der Lieblingsnudeln der Hauptstädter sind die *bucatini,* große und dicke Spaghetti, die sich ganz besonders gut dafür eignen, deftige Soßen aufzunehmen. Traditionsnudelgerichte sind *bucatini all' amatriciana,* also mit grob gewürfelter Schweinebacke oder durchwachsenem Speck, Tomatenstücken, Zwiebelwürfeln, kleinen Pfefferschoten und geriebenem Schafskäse, oder auch *bucatini alla carbonara,* nach Köhlerart, und das heißt mit einer kräftigen Soße aus Speck und Eiern, Rahm, Butter, geriebenem Parmesankäse und einer guten Prise Muskat.
Bei den Desserts isst man in der Regel in Rom ausgezeichnete *crostate.* Das sind Mürbeteigkuchen mit Marmeladen bestrichen. Dazu ein *espesso,* vielleicht auch *corretto,* also mit einem Schuss Schnaps oder Likör. Echt römisch sind auch die *Mostaccioli.* Das ist ein fast immer hausgemachtes Honiggebäck aus Mehl und Most mit Dörrobst und Mandeln, mit Zimt und ein wenig Anislikör. Auch der Mürbeteigkuchen *Pangiallo* ist sehr beliebt. Zu dem trockenen Kuchen trinken die Römer gern einen Schnaps oder einen Kaffee oder den *caffè corretto.*
In den letzten Jahren haben in Rom viele Designrestaurants geöffnet, in denen eine kreative italienische Küche präsentiert wird. Man sollte auch dort einmal essen gehen, denn die moderne italienische Küche hat einiges Vorzügliches zu bieten und muss sich nicht unbedingt hinter derjenigen in Frankreich verstecken.
So mancher Weinkenner rümpft nur die Nase, wenn man ihn auf die Region Latium anspricht. Ein Vorurteil, das nicht mehr unbedingt zutrifft. Vor allem nicht mehr seit eine Vielzahl von Winzern erkannt hat, dass man mit den traditionellerweise angebauten Trauben auch erstklassige Tropfen keltern kann.
Latium ist seit der römischen Antike eines der traditionsreichsten Anbaugebiete Italiens. Es gibt rund 60 000 Hektar Rebfläche und pro Jahr werden etwa 515 000 Hektoliter D.O.C.-Weine, also mit Herkunftsnachweis, in Flaschen abgefüllt.
Dem schlechten Image der billigen Fuselweine aus Frascati bieten immer mehr Winzer die Stirn. Couragierte Produzenten, unter denen auch immer mehr Genossenschaften zu finden sind. Winzer wie Paola di Mauro und Colachicchi, wie Castel de Paolis und Costantini bieten inzwischen Weine, die wirklich ausgezeichnet schmecken.

2

1 Trattoria St. Teodoro: Hummer auf toskanischem Brot. 2 Wurstparadies »Antica Norcineria Viola« am Campo de' Fiori.

Register

Personen

Sehenswürdigkeiten in Rom

Orte und Sehenswürdigkeiten rund um Rom

Übernachten

Impressum

Der Fotograf:
Mirko Milovanovic, studierte Fotodesign in Dortmund und arbeitet seit 1993 als freier Fotograf vor allem für Werbung, Reise, Theater- und Tanzprojekte. Darüber hinaus realisiert er multimediale Arbeiten und Diavorträge u. a. über China. Im C. J. Bucher Verlag publizierte er u. a. »Zeit für Klöster – Orte der Ruhe und Besinnung«. www.milografie.de

Der Autor:
Thomas Migge, Politologe und Historiker, schreibt für verschiedene Zeitschriften und Magazine. Er ist Autor zahlreicher Bildbände. Im C. J. Bucher Verlag erschienen von ihm »Zeit für die Toskana – 33 Traumziele zum Wohlfühlen«. Lebt seit 15 Jahren in Rom.

Dank:
Der Fotograf bedankt sich herzlich bei allen Hotels, Restaurants, Läden, Kirchen und öffentlichen Institutionen die die Aufnahmen erlaubt und unterstützt haben. Besonderer Dank gilt Sabrina Kriwoschejew für die fleißige Mithilfe bei der Ausarbeitung, Signora Luisa Cipriani für die liebevolle Pflege bei zwei Erkrankungen in Rom, Familie Tejada de Fink und allen weiteren Personen, die die Arbeit am Buch tatkräftig unterstützt haben.

Einbandfotos:
Vorderseite: Fontana di Trevi (großes Bild); Barmann Daniele im Caffè Greco; Kolosseum; auf der Piazza di S. Giovanni in Laterano; (oben, von links nach rechts).
Rückseite: Restaurant Relais Picasso im Hotel Raphael.
Vordere Klappe: Trattoria St. Teodoro.

Die Karten auf der hinteren Umschlagklappe zeichnete Astrid Fischer-Leitl, München.

Bildnachweis:
Corrado Maria Falsini, Rom: S. 32-2, 185-3; Hotel Forum, Rom: S. 35-4

Unser Gesamtverzeichnis finden Sie unter www.bucher-verlag.de

Zeit für Rom – Metropole für Entdecker und Genießer

Alle Angaben dieses Bandes wurden von den Autoren sorgfältig recherchiert und vom Verlag auf Stimmigkeit und Aktualität geprüft. Allerdings kann keine Haftung für die Richtigkeit der Informationen übernommen werden. Für Hinweise und Anregungen sind wir dankbar. Zuschriften an den:

C. J. Bucher Verlag
Produktmanagement
Postfach 800240
D-81673 München
E-Mail: lektorat @bucher-verlag.de

Bildkonzeption und Projektmanagement: Joachim Hellmuth
Textlektorat: Kristin Bamberg
Graphische Gestaltung: Frank Duffek, München
Herstellung: Bettina Schippel
Repro: Repro Ludwig, Zell am See
Printed and bound in Italy by Printer Trento

Die Deutsche Bibliothek – CIP Einheitsaufnahme
Ein Titeldatensatz für diese Publikation ist bei Der Deutschen Bibliothek erhältlich.

ISBN 3-7658-1547-0